故事说法

未成年人保护

编　者：携手"童"行团队
主　编：孙宁华　徐　涛　王婉菲

苏州大学出版社
Soochow University Press

图书在版编目（CIP）数据

故事说法：未成年人保护 / 携手"童"行团队编；孙宁华，徐涛，王婉菲主编. -- 苏州：苏州大学出版社，2025.2. -- ISBN 978-7-5672-5184-7

Ⅰ.D922.704

中国国家版本馆CIP数据核字第20253R4K25号

书　　名：	故事说法：未成年人保护
	GUSHI SHUOFA：WEICHENGNIANREN BAOHU
编　　者：	携手"童"行团队
主　　编：	孙宁华　徐　涛　王婉菲
责任编辑：	刘　海
助理编辑：	施子星
出版发行：	苏州大学出版社（Soochow University Press）
社　　址：	苏州市十梓街1号
邮　　编：	215006
出 品 人：	蒋敬东
印　　刷：	苏州工业园区美柯乐制版印务有限责任公司
邮购热线：	0512-67480030
销售热线：	0512-67481020
开　　本：	787 mm×1092 mm　1/16　印张：10　字数：120千
版　　次：	2025年2月第1版
印　　次：	2025年2月第1次印刷
书　　号：	ISBN 978-7-5672-5184-7
定　　价：	38.00元

若有印装错误，本社负责调换
苏州大学出版社营销部　电话：0512-67481020
苏州大学出版社网址　http://www.sudapress.com
苏州大学出版社邮箱　sdcbs@suda.edu.cn

编写组

编　者：携手"童"行团队（苏州大学王健法学院）

总策划：蒋敬东　孙宁华

主　编：孙宁华（苏州大学东吴学院）

　　　　徐　涛（苏州市市场监督管理局）

　　　　王婉菲（苏州大学王健法学院）

副主编：宫　研（苏州大学王健法学院）

　　　　田　毓（苏州大学王健法学院）

　　　　朱星宇（苏州大学王健法学院）

目 录

1. 未成年人遭遇欺凌后反击,属于正当防卫吗? / 1

2. 未成年人未经监护人同意打赏主播,钱财可以追回吗? / 6

3. 未成年人入住宾馆,宾馆应尽到怎样的入住程序询问义务? / 11

4. 父母怠于履行抚养义务,可以把未成年人单独留给保姆照顾吗? / 16

5. 利用教师身份奸淫未成年人,将会受到怎样的惩罚? / 21

6. 未成年人涉嫌诈骗,如何对其进行教育、感化、挽救? / 27

7. 父母不按约定履行抚养义务,相关部门能成为监护人吗? / 31

8. 未成年被告人父母怠于履行职责,如何进行家庭教育指导? / 35

9. 沉迷抽卡游戏、过度盲盒消费,是如何侵害未成年人身心健康的? / 40

10. 未经监护人同意为未成年人文身,构成侵权吗? / 45

001

故事说法：未成年人保护

11. 向未成年人销售烟酒致使损害后果发生，需要承担损害赔偿责任吗？/ 50

12. 在行政给付案件中，如何全面保障未成年人的合法权益？/ 55

13. 散布侵害未成年人权益的网络信息，会有怎么样的后果？/ 59

14. 未成年人校园欺凌案件，如何形成合力从源头预防？/ 63

15. "司法+N"联合救助，如何为困境儿童点亮希望之光？/ 67

---

16. 未成年人多次少量抢取同学财物，应当如何定性？/ 72

17. 离异家庭中的未成年人遭受家庭暴力，可以变更抚养关系吗？/ 77

18. 包含未成年人隐私的视频，能未经处理私自上传网络吗？/ 83

19. "隔空猥亵"未成年人，将产生怎样的法律后果？/ 89

20. 陌生人利用花言巧语绑架未成年人，如何提升未成年人的防范意识？/ 94

21. 酒吧经营允许未成年人入内，将承担怎样的法律责任？/ 98

22. 未成年人组建不良社团，可以放任不管吗？/ 104

23. 未成年人司法保护，如何运用数据赋能？/ 109

24. 未成年人密室逃脱受伤，"免责行规"能直接适用吗？/ 114

25. 电竞酒店接待未成年人，侵犯了未成年人的健康权吗？/ 121

26. 未成年人同居怀孕生子，需要承担抚养义务吗？/ 127

27. 非法强迫未成年人劳动，将会承担怎样的法律责任？/ 132

28. 未成年人被家长"订婚"后分手，彩礼需要返还吗？/ 138

29. "黑校车"非法接送未成年学生，谁该为此负责？/ 143

30. 在被继承人债务清偿案件中，如何优先保护未成年人利益？/ 147

1. 未成年人遭遇欺凌后反击，属于正当防卫吗？

小方和小罗是同班同学，他们今年刚上初一。在春游中，班上的一位女同学小红和小方聊得很开心，而小红正好是小罗暗恋的人。小罗发现后，认为小方抢走了自己的"一生所爱"，气不打一处来。小罗找到小方，威胁他必须给自己送一条烟，要不然就要找人狠狠地揍小方一顿。小方害怕极了，只好答应。

小方给小罗送烟后，小罗挑刺说："烟的档次太低了吧？你根本没有诚心道歉，放学后到厕所来，不然有你好果子吃！"小方一边口头反击，一边打算放学的时候赶紧偷偷溜回家。

故事说法：
未成年人保护

放学后，小罗召集一帮"好哥们"，将小方拖入厕所，然后紧紧勒住小方的脖子，把他摔倒在地，并骑在小方身上对其进行殴打。在遭到小罗等人的狂殴后，小方掏出事先藏在衣袖里的折叠刀乱挥，捅伤了一人的腰部，划伤了一人的大腿。之后，小罗和他的"好哥们"赶紧逃跑，受伤的两个"好哥们"被好心人送到学校医务室治疗。经鉴定，两人受了轻微伤。

在本案中，法院认为，小方因害怕遭受同学欺凌而被迫携带折叠刀，在面临多人殴打时持刀反击，结合全案情节，应当认定小方的行为构成正当防卫，不负刑事责任。

小罗等人的欺凌行为被查清后，学校对其进行了处分，并责令家长对其进行严加管教。小罗及其家人向小方及其家人赔礼道歉，小方在学校心理疏导中心的帮助下变得积极开朗起来。

法官说法

　　小方在遭受同学欺凌时而被迫反击,具有防卫意图。面对小罗等人的欺凌,小方明显处于被迫状态。并且,小方在被殴打时实施防卫,由于不法侵害正在进行中,因此符合正当防卫的时间条件。考虑到不法侵害人的伤情鉴定情况,小方的防卫行为没有明显超过必要限度。小方是在被殴打的情况下被迫实施防卫,虽然不法侵害人未持械,小方是使用刀具进行反击,但是小方防卫使用的折叠刀并非管制刀具。综上所述,小方的行为构成正当防卫。

　　根据《中华人民共和国未成年人保护法》(以下简称《未成年人保护法》)第三十九条,学校应当建立学生欺凌防控工作制度,对教职员工、学生等开展防治学生欺凌的教育和培训。对于学生欺凌事件,被欺凌者及周边同学要及时向老师、家长报告;学校对学生欺凌行为应当立即制止,监护人对实施欺凌的学生应当加强管教,并配合学校和相关部门的处理。学校或者监护人未履行职责的,应当依法承担相应的法律责任。

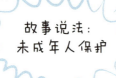

故事说法：
未成年人保护

1. 根据《中华人民共和国刑法》(以下简称《刑法》)规定，正当防卫是指为了使国家、公共利益、本人或他人的人身、财产和其他权利免受正在进行的不法侵害，而采取的制止不法侵害的行为，对不法侵害人造成损害的，不负刑事责任。在本案中，法院认定小方的行为属于正当防卫，不负_____责任。

（正确答案：刑事）

2. 在本案中，法院认为小方在面对欺凌时实施的行为属于正当防卫，这种行为不负刑事责任。以下哪一项不符合正当防卫的定义？（　　）

A. 正当防卫是为了保护他人利益而对正在进行的不法侵害采取的防卫行为

B. 防卫行为对不法侵害者造成的损害应在合理的限度内

C. 正当防卫是为了报复他人过去的不当行为而采取的伤害行为

D. 防卫行为是为了制止不法侵害而采取的行为

（正确答案：C）

3. 根据我国法律规定，学生遭受校园欺凌时应通过合法途径维护自己的权益，以下哪种行为属于合法的自我保护行为？（ ）

A. 集结朋友，准备事后报复欺凌者

B. 向学校、老师或家长报告，寻求帮助

C. 在受到欺凌后，主动挑衅，进行报复

D. 对欺凌者采取恶意侮辱的方式进行反击

（正确答案：B）

故事说法：
未成年人保护

2. 未成年人未经监护人同意打赏主播，钱财可以追回吗？

牛牛是一名正在上初中的少年，他的父母忙于工作，别说陪伴了，就连和他见面的次数都很少。慢慢地，牛牛迷上了看直播。在直播平台，主播们居然代替了牛牛父母的陪伴。牛牛沉迷其中，为了表达对主播的喜爱，他偷偷用父母的银行卡进行打赏。几个月过去了，牛牛打赏的金额加起来有近3万元！这可不是一串冰冷的数字，而是牛牛的父母多年辛苦工作积攒下来的血汗钱。当牛牛的父母无意间发现卡里少了一大笔钱的时候，既震惊又心痛。他们想联系直播平台挽回损失，但一开始直播平台根本不搭理他们。

绝望中，牛牛的父母决定用法律武器找回公道。法院受理此案后，明确该案不是一场简单的金钱纠纷，而是事关未成年人保护、家庭教育和网络消费边界的重要案件。为此，法官告知当事人：未成年人实施的与其年龄、智力不相适应的民事法律行为,事后未经法定代理人同意或追认的,是无效民事行为。直播平台在了解了事情经过和接受法律科普后,自愿向牛牛的父母返还近3万元的打赏款项,双方达成庭外和解,为这场风波画上了圆满的句号。

经历了这次风波后,牛牛一家深刻认识到了自己的错误。牛牛的父母决定多多陪伴牛牛;牛牛也开始重新审视自己的人生道路,并决心通过努力学习来改正自己的错误。

故事说法：
未成年人保护

法官说法

司法实践中涉及网络打赏、网络游戏纠纷的主体绝大多数是限制行为能力人，即8周岁以上的未成年人。这些未成年人在进行网络游戏或打赏时，往往未经同意，便刷走了家长的"血汗钱"。由于他们的行为与他们的年龄、智力不相适应，在未得到法定代理人同意或追认的情况下，他们的这类行为依法应当被认定为无效。

《最高人民法院关于依法妥善审理涉新冠肺炎疫情民事案件若干问题的指导意见（二）》（以下简称《意见》）对未成年人参与网络付费游戏和网络打赏纠纷提供了更为明确的规则指引。《意见》中明确指出，限制民事行为能力人未经其监护人同意，参与网络付费游戏或者网络直播平台"打赏"等方式支出与其年龄、智力不相适应的款项，监护人请求网络服务提供者返还该款项的，人民法院应予支持。该规定更多地考量了对未成年人合法权益的保护，同时引导网络公司进一步强化社会责任，为未成年人的健康成长创造良好的网络环境。

1. 根据《中华人民共和国民法典》（以下简称《民法典》）规定，限制民事行为能力人实施的民事法律行为，未经法定代理人同意或者追认的，_____。在本案中，牛牛作为未成年人，其未经父母同意做出的打赏行为就属于此类行为，因而直播平台应当返还打赏款。

（正确答案：无效）

2. 在未成年人的网络消费过程中，以下哪一项行为属于合法有效的行为？（ ）

　　A. 未成年人在未经监护人同意的情况下，偷用银行卡进行大额打赏

　　B. 未成年人在监护人的授权下，使用监护人的账户购买学习用品

　　C. 未成年人在未经监护人同意的情况下，多次进行网络游戏付费充值

　　D. 未成年人利用他人账户进行网络赌博

（正确答案：B）

故事说法：
未成年人保护

3. 在未成年人网络消费纠纷中，法院应特别关注未成年人的利益保护，以下哪一项是法院在审理此类案件时应遵循的基本原则？
（　　）

A. 未成年人的所有消费行为均应视为有效

B. 只要是消费行为，就必须履行支付义务

C. 优先考虑未成年人的健康成长和权益保护

D. 将合同签订金额作为唯一的审理依据

（正确答案：C）

3. 未成年人入住宾馆，宾馆应尽到怎样的入住程序询问义务？

在一个阳光明媚的日子，高高与丽丽这两名初中生通过网络相识了，他们决定"网络奔现"，进行线下约会。见面后，两人迅速沉浸在甜蜜中。夜色深了，他们挑选了一家宾馆入住。

在办理入住手续时，宾馆的前台工作人员并未按照相关规定，对丽丽进行特别的询问与保护，既没有询问丽丽父母的联系方式，也没有核实她与高高之间的关系，草草地为他们办理了入住手续。

**故事说法：
未成年人保护**

不久后，丽丽的父母得知了此事，除了震惊，更多的是对女儿未来的担忧与心痛。他们对丽丽说："宾馆作为提供住宿服务的场所，怎么可以问都不问一声就直接给你们办理住宿呢？太不负责了！"他们觉得宾馆有责任和义务对未成年人的安全给予特别的关注与保护。于是，丽丽的父母深思熟虑后，决定通过法律途径维护丽丽的权益。

他们将宾馆告上了法庭，认为宾馆在接待未成年人时未尽到必要的安全保护义务，导致丽丽身心受到伤害，要求宾馆赔偿丽丽精神损害抚慰金2万元，并请求法院判令宾馆的经营者承担连带责任。

法院受理此案后，进行了深入的调查与审理。法官听取了双方的陈述，并质询了双方提供的证据。根据相关法律法规，最终法院认定宾馆在接待未成年人时确实存在疏忽，未能有效履行其对未成年人的安全保护义务。依据《未成年人保护法》等相关法律规定，法院支持了丽丽父母的合理诉求，判决宾馆赔偿丽丽精神损害抚慰金，并强调宾馆经营者作为直接责任人，应承担连带赔偿责任。

法官说法

根据《未成年人保护法》第五十七条规定，旅馆、宾馆、酒店等住宿经营者接待未成年人入住，或者接待未成年人和成年人共同入住时，应当询问父母或者其他监护人的联系方式、入住人员的身份关系等有关情况；发现有违法犯罪嫌疑的，应当立即向公安机关报告，并及时联系未成年人的父母或者其他监护人。旅馆、宾馆、酒店的经营者应严格履行保护未成年人的法律义务和主体责任，依法依规经营，规范入住程序，严格落实强制报告制度，履行安全保护义务，如违反有关法定义务，将被依法追究相应法律责任。广大

故事说法：
未成年人保护

家长也应加强对未成年子女的教育管理，引导未成年子女形成正确的人生观和价值观，自尊自爱，谨慎交友，预防此类案件的发生。有关主管部门应当强化对旅馆、宾馆、酒店的日常监管，建立健全预警处置机制，实现对未成年人入住旅馆、宾馆、酒店的风险防控，全面保护未成年人健康成长。

头脑小风暴

1. 根据《未成年人保护法》，宾馆、酒店等提供住宿服务的场所应当对未成年人入住进行特别保护和询问，必要时应当联系未成年人的_____。在本案中，宾馆未履行这一义务，导致了这场诉讼纠纷。

（正确答案：监护人）

2. 宾馆在接待未成年人入住时，未履行哪些义务可能会导致被追究法律责任？（ ）

A. 未检查未成年人的身份证件

B. 未与未成年人的监护人进行联系核实

C. 未询问未成年人与另一入住人员的关系

D. 以上全部

（正确答案：D）

3. 以下哪一项属于宾馆在接待未成年人入住时应当履行的安全保护义务？（ ）

A. 询问未成年人是否有支付能力

B. 直接允许未成年人入住，无需联系其监护人

C. 核实未成年人与陪同人之间的关系，并联系其监护人

D. 对所有入住人员一视同仁，不做额外核查

（正确答案：C）

> 故事说法：
> 未成年人保护

4. 父母怠于履行抚养义务，可以把未成年人单独留给保姆照顾吗？

胡某与钱某曾经是一对恩爱的夫妻，却因为性格不合渐行渐远，最终决定离婚。胡某与钱某在离婚协议中约定两人的女儿仔仔由母亲钱某抚养，父亲胡某则承担抚养费。

然而母亲钱某再婚的消息像一阵突如其来的风，吹进了仔仔原本就脆弱的世界。再婚后的忙碌让钱某忽略了仔仔，钱某居然连续两三个星期都没有按时送仔仔上学。

考虑到自己没有时间和精力好好照顾仔仔，钱某便花钱请了一位全托保姆照顾仔仔，偶尔也会通过视频来了解仔仔的情况。虽然仔仔的生活起居有全托保姆照顾，但在情感上，仔仔却像一叶孤舟，漂泊在无尽的大海之中。

父亲胡某得知后，认

为钱某的行为严重违背了离婚协议中的抚养约定,于是便将钱某告上了法庭,要求获得仔仔的抚养权。但出乎意料的是,在法庭上,仔仔哽咽着表达了自己的心声:"我更想跟妈妈一起生活……"

面对胡某的诉求,法院没有简单地依据法律条文作出判决,而是深入了解仔仔的实际情况与内心想法。法院认为,虽然钱某雇佣全托保姆照顾仔仔的行为是在努力补偿仔仔,但作为母亲,钱某应该考虑仔仔的精神关怀需求,不能只考虑物质需求。因此,法院要求钱某重新审视并履行自己的监护职责,不仅要关注仔仔的日常生活和学习情况,还要关注她的心理状况和情感需求。法院明确要求钱某必须与仔仔同住,并承担起家庭教育的主体责任,由钱某自己或近亲属亲自养育与陪伴仔仔,确保仔仔在成长过程中得到充分的关爱与引导。而钱某也深刻认识到了自己的错误,并下定决心好好照顾仔仔。

> 故事说法：
> 未成年人保护

法官说法

　　《中华人民共和国家庭教育促进法》（以下简称《家庭教育促进法》）明确指出，**未成年人的父母分居或离异的，应当相互配合履行家庭教育责任，任何一方不得拒绝或怠于履行**。在本案例中，鉴于钱某没有尽到抚养义务及监护职责，法院在充分尊重并考量仔仔个人意愿的前提下，依法作出了公正判决。法官还依据《家庭教育促进法》向钱某发出了家庭教育令，明确要求钱某必须切实履行家庭教育的主体责任。

此家庭教育令的发出，引发了良好的社会反响，表明了法律对未成年人健康成长的高度重视。这个故事旨在提醒广大家长：根据《家庭教育促进法》的明确规定，父母或其他监护人是孩子成长道路上的第一任老师，家庭则是孩子学习生活的第一课堂。作为家长，必须树立责任意识，承担对未成年人实施家庭教育的主体责任，运用正确的理念、方法和行为引导未成年人形成良好的思想品德和行为习惯。

1. 根据《民法典》规定，父母对子女有抚养、教育和保护的义务。本案中，法院认为母亲钱某不仅要满足仔仔的物质需求，还要关注她的_____和_____需求，确保她的健康成长。

（正确答案：心理；情感）

2. 在变更抚养权的案件中，法院会优先考虑什么因素？（　　）

A. 父母的经济能力

B. 子女的年龄和健康状况

C. 子女的真实意愿和利益最大化原则

D. 父母的婚姻状况

（正确答案：C）

> 故事说法：
> 未成年人保护

3. 在涉及未成年子女抚养问题的案件中，以下哪一项行为可能导致法院重新审查抚养权的归属？（ ）

A. 抚养人经济条件有所改善

B. 抚养人无法履行对子女的抚养和教育义务

C. 子女的监护人按时履行监护义务

D. 子女在学校成绩有所提升

（正确答案：B）

5. 利用教师身份奸淫未成年人，将会受到怎样的惩罚？

在一所不起眼的小学里，邪恶正在悄然滋生。李某，一位深受学生喜爱的数学老师，却有一颗肮脏的心灵。

李某利用自己作为老师的身份和学生对他的信任，借机对女学生进行侵害。他借口提高学生成绩、关心学生生活，频繁地以补课辅导、批改试卷甚至家访为由，刻意接近那些性格内向、好操控的女生。最初，他借口辅导功课，将女学生单独带至自己家中，对她们动手动脚。随着时间的推移，李某的胆子越来越大，他的行为也越来越嚣张。在夜深人静的时候，他将无辜的女学生骗至教学楼内，强迫她们满足自

> 故事说法：
> 未成年人保护

己扭曲的欲望。事后查明，有 15 名未成年的女学生遭受了不同程度的侵害。

纸终究包不住火，学校的老师们察觉到了异常，而家长们则坚决选择了报警。经过警方的缜密调查，李某的罪行终于大白于天下。

法院审理此案时，整个法庭都被笼罩在愤怒和压抑中。法官说道："李某作为教育工作者，本应是学生成长的引路人，却沦为了侵害人。其行为不仅严重违反了师德师风，更触犯了法律的红线！"最终，法院依据相关法律法规，对李某作出了公正的判决：强奸罪和猥亵儿童罪数罪并罚，对其予以严惩。

根据《刑法》第二百三十六条，以暴力、胁迫或者其他手段强奸妇女的，处三年以上十年以下有期徒刑。奸淫不满十四周岁的幼女的，以强奸论，从重处罚。第二百三十六条之一，对已满十四周岁不满十六周岁的未成年女性负有监护、收养、看护、教育、医疗等特殊职责的人员，与该未成年女性发生性关系的，处三年以下有期徒刑；情节恶劣的，处三年以上十年以下有期徒刑。

故事说法：
未成年人保护

根据《刑法》第二百三十七条的规定，猥亵儿童的，处五年以下有期徒刑；有下列情形之一的，处五年以上有期徒刑：猥亵儿童多人或者多次的；聚众猥亵儿童的，或者在公共场所当众猥亵儿童，情节恶劣的；造成儿童伤害或者其他严重后果的；猥亵手段恶劣或者有其他恶劣情节的。

在日常生活中，未成年女性与男性均应时刻注意自身安全，防止不法分子以满足性刺激为目的，采用欺骗、强迫等手段，实施猥亵。我们每一个人都要坚决向不法行为说"不"。

头脑小风暴

1. 根据《中华人民共和国刑法》第二百三十七条的规定，猥亵儿童的，处_____有期徒刑；有下列情形之一的，处_____有期徒刑：猥亵儿童多人或者多次的；聚众猥亵儿童的，或者在公共场所当众猥亵儿童,情节恶劣的;造成儿童伤害或者其他严重后果的;猥亵手段恶劣或者有其他恶劣情节的。

(正确答案:五年以下、五年以上)

2. 在学校中,学生需要对老师的下列哪种行为提高警惕?( )

A. 老师在课堂上为同学们认真解答疑问

B. 老师在和家长取得联系并获得同意后,对家长进行家访

C. 老师要求学生晚上放学后到自己家中单独为学生补习

D. 老师根据学校规定暂时没收学生的电子设备

(正确答案:C)

> 故事说法：
> 未成年人保护

3. 家长发现孩子在学校遭受侵害时，应当采取以下哪种措施？（　　）

A. 到学校大吵大闹要求给个说法

B. 让孩子忍气吞声，多一事不如少一事

C. 直接找到涉事老师，给他点"教训"

D. 及时报警并与学校沟通，必要时提起诉讼，用法律武器保护孩子

（正确答案：D）

6. 未成年人涉嫌诈骗，如何对其进行教育、感化、挽救？

小智曾经学业优秀，不仅在省奥数竞赛中夺得第四名，还在全国奥数竞赛中荣获铜奖。然而，家庭的变故如同一场突如其来的风暴，卷走了他所有的安宁与希望。父母关系的破裂，让他感到前所未有的孤独与无助，最终，他选择了一条自认为能够迅速获得他人关注的捷径——电竞。

为了筹集参赛资金，小智误入歧途，他开始在网络上以虚假的身份编造骗局。他谎称自己经营着一家新媒体公司，以刷单返利等为幌子，诱骗多名无辜者陷入他精心设计的陷阱。受害者或是在网络平台购买了京东E卡、乐花卡，或是在支付宝等小额贷款平台上借款，所有的资金最终都流向了小智的口袋，总计高达30余万元。

故事说法：未成年人保护

随着警方调查网的渐渐收紧，小智意识到自己已无法逃脱法律的制裁。面对审讯，他如实供述了自己的罪行。在法院审理的过程中，小智的父亲积极筹措资金退赔被害人的经济损失，并诚恳地道歉，最终取得了被害人的谅解。人民法院委托社会工作者对小智进行了详细的社会调查，揭示了小智误入歧途的深层原因：家庭破裂、父母的监护缺失、自己的法律意识淡薄等。这一切就像是一块块拼图，拼凑出了他走向歧途的轨迹。

审理此案的法官在深入分析了小智的成长经历与犯罪动机后，决定采取更加人性化的处理方式。通过法庭教育、亲情感化，以及与社区矫正机构的紧密合作，法官和检察官为小智量身定制了一套帮教措施，引导他回到人生的正确方向。

最终，法院依法对小智作出了从轻处罚的判决，并适用缓刑。这不仅仅是对一个未成年犯罪者的宽恕，更是对他未来人生的期许与信任。

法官说法

在我国法律体系中，对于未成年人的保护与犯罪预防始终处于重要位置。《未成年人保护法》第三十八条和《预防未成年人犯罪法》第五十条，均体现了国家对未成年人涉罪问题的谨慎态度与人文关怀。根据相关法律规定，在处理违法犯罪的未成年人时，实行教育、感化、挽救的方针，坚持教育为主、惩罚为辅的原则。司法人员在办理未成年人涉罪案件时，不仅要妥善平衡处罚与教育的关系，还要充分考虑未成年人的成长与发展，以帮助其重回人生正轨。

故事说法：
未成年人保护

头脑小风暴

1. 法官在审理小智案件时，决定采取更加人性化的处理方式，包括法庭教育、亲情感化和_____的合作，帮助小智回归正途。

（正确答案：社区矫正机构）

2. 以下哪项措施有助于预防未成年人因家庭变故误入歧途？（　　）

A. 让孩子自行应对家庭问题

B. 加强法律意识教育，完善家庭沟通

C. 鼓励孩子通过任何手段获得关注

D. 放任孩子，不加管束

（正确答案：B）

3. 在本案中，法院对小智采取从轻处罚的主要原因是什么？（　　）

A. 小智未成年，且如实供述犯罪事实

B. 小智的父亲积极退赔，并取得被害人的谅解

C. 小智认识到所犯错误，积极反省

D. 以上全部

（正确答案：D）

7. 父母不按约定履行抚养义务，相关部门能成为监护人吗？

小慧一岁那年，父母离异。按照父母的约定，小慧应由父亲抚养，但父亲因工作繁忙，将她托付给了祖父。在小慧十岁生日即将到来之际，祖父的离世使她失去了最后的避风港。更令她无助的是，父亲因一时冲动，触犯法律坐了牢，没有办法再照顾小慧。而小慧的母亲对小慧的处境漠不关心，仿佛她从未存在过。

就在小慧感到绝望之际，一束温暖的光照进了她的世界——共青团县委工作人员得知了她的困境，并迅速行动起来帮助小慧。经过细致的调查与了解，共青团县委工作人员发现小慧长期缺乏家庭教育，逐渐养成了一些不良习惯，并且小慧明确表示："我不想跟随妈妈一起生活，她之前不想管我，以后也不会想管我的。"说完，小慧伤心地哭了。

面对这样的情况，共青团县委工作人员迅速组织县民政局、教育局等部门召开联席会议，商讨帮扶之道。最终，县民政局

> 故事说法：
> 未成年人保护

向人民法院要求撤销小慧父母的监护人资格，并指定县民政局为小慧的监护人。人民法院受理后，迅速开展行动，深入县民政局、县教育局、学校，以及小慧所在村镇，全面了解小慧的生活、学习及实际监护情况。经过一系列的调查，法院认定小慧父母作为法定监护人，长期未能履行监护职责，导致小慧陷入困境。基于最有利于被监护人的原则，法院决定撤销小慧父母的监护人资格，并正式指定县民政局为小慧的监护人。

从此，小慧的生活迎来了新的篇章。她被县民政局妥善安置在当地儿童福利院，那里不仅有温暖的床铺、可口的饭菜，还有老师们的悉心教导与同伴们的欢声笑语。小慧逐渐变得开朗起来，学习动力也足了。

法官说法

　　《民法典》第三十六条规定，监护人有下列情形之一的，人民法院根据有关个人或者组织的申请，撤销其监护人资格，安排必要的临时监护措施，并按照最有利于被监护人的原则依法指定监护人：（一）实施严重损害被监护人身心健康的行为；（二）怠于履行监护职责，或者无法履行监护职责且拒绝将监护职责部分或者全部委托给他人，导致被监护人处于危困状态；（三）实施严重侵害被监护人合法权益的其他行为。

　　以家庭监护为基础、社会监护为补充、国家监护为兜底的监护制度，能够有效避免被监护人遭遇监护"真空"的困境，为保护未成年人合法权益提供了坚实的后盾。在这个故事中，多部门联合保护未成年人小慧的合法权益，符合《民法典》监护制度的规定，为民政部门、人民法院依法履行未成年人国家监护职责提供了范本。

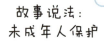

故事说法：
未成年人保护

头脑小风暴

1. 法院在审理涉及未成年人监护的案件时，应当依据_____的原则，做出最有利于未成年人的判决。

（正确答案：最有利于被监护人）

2. 在本案中，法院撤销小慧父母监护人资格的法律依据是什么？（ ）

　　A. 父母没有监护的经济条件

　　B. 父母长期不履行监护职责

　　C. 父母意见不一致

　　D. 小慧不愿意跟随父母生活

（正确答案：B）

3. 根据《未成年人保护法》，当法定监护人未尽监护职责时，可以依法提出撤销其监护权的机构是什么？（ ）

　　A. 教育部门

　　B. 公安部门

　　C. 民政部门

　　D. 医院

（正确答案：C）

8. 未成年被告人父母怠于履行职责，如何进行家庭教育指导？

在 A 省一个宁静的小镇上，住着小明和他的家人。某日，小明的妈妈因为工作调动将小明带至 B 省生活、上学，爸爸则留在 A 省继续工作。

初到 B 省，小明对一切都感到陌生。小明的妈妈由于工作繁忙，对小明的学习、生活关心较少，远在 A 省的爸爸也只是偶尔电话问候。渐渐地，由于孤独和不被理解，小明开始和社会上的一些闲散青年接触。

一天，小明和一群朋友发生争执，冲动之下，小明参与了一起打架斗殴事件。结果，他被公安机关带到派出所，接受了治安处罚。这件事并未引起小明父母的重视，他们仍疏于对小明的教育和管理。

不久后，小明又参与了另一起打架斗殴事件，并造成了严重后果，被检察机关提起公诉。法院对这起案件进行了审理。在了解了斗殴事件后，法官认为小明的行为已经触犯了法律，必须承担相应的责任。

> 故事说法：
> 未成年人保护

同时，法官也注意到小明严重缺乏家庭教育，认为这是小明走上歧途的重要原因。

为了引导家长正确履行家庭教育的职责，法官决定向小明的父母签发一份家庭教育令。这份家庭教育令不仅要求他们必须加强对小明的教育和管理，还责令他们在规定的时间内到家庭教育爱心指导站接受专业的家庭教育指导。

在家庭教育爱心指导站，小明的父母学习到了许多关于家庭教育的理念和方法。当地检察院、教育局等部门也联合起来，邀请小明所在社区的网格员参加谈心会，制订详细计划，共同对小明的父母进行有针对性的家庭教育指导。随着时间的推移，小明感受到了来自家庭的温暖和关爱，他逐渐改掉了过去的坏习惯，回到了生活和学习的正轨。

法官说法

  在造成未成年人犯罪的诸多因素中，家庭教育缺失是一个不容忽视的因素。《家庭教育促进法》的正式颁布与实施，为强化家庭责任、促进未成年人健康成长提供了坚实的法律支撑。

  在这个故事中，小明因家庭环境的复杂变化随母亲远赴他乡生活和学习，父亲则因地域分隔难以直接监护，使他长期处于一种"情感孤儿"的状态。家庭教育的严重缺失，加之不良社交圈的诱惑，最终使小明走上了违法犯罪的道路。

故事说法：
未成年人保护

> 法院根据《家庭教育促进法》的相关规定，针对小明父母在家庭教育中的失职行为，创新性地发出了家庭教育令，通过法律手段直接干预，并引导监护人正确履行其家庭教育职责，从根本上改善未成年人小明的成长环境。
>
> 值得一提的是，为确保家庭教育令的有效执行，法院还联合当地检察、公安、司法、教育等多个部门，共同成立了家庭教育爱心指导站。这一跨部门合作机制，充分利用了各部门资源，汇聚了多方力量，形成了教育合力，共同促进小明的健康成长。

1. 根据《家庭教育促进法》，父母或者其他监护人应当树立家庭是第一个课堂、家长是第一任老师的责任意识，承担对未成年人实施_____的主体责任。

（正确答案：家庭教育）

2. 法院向小明父母签发家庭教育令的主要原因是什么？（ ）

A. 小明的父母没有承担法定的监护责任

B. 小明的父母忽视了对小明的家庭教育，导致他参与违法活动

C. 小明的父母要求改变监护人

D. 小明的父母未及时支付抚养费

（正确答案：B）

3. 在本案中，哪一机构或部门负责提供家庭教育指导？（ ）

A. 公安局

B. 教育局

C. 家庭教育爱心指导站

D. 法院

（正确答案：C）

> 故事说法：
> 未成年人保护

9. 沉迷抽卡游戏、过度盲盒消费，是如何侵害未成年人身心健康的？

在一个阳光明媚的春日午后，老师眼中品学兼优的小马漫步在学校的林荫道上，书包里装着沉甸甸的课本和作业本，但她的心中藏着一个小秘密——她最近对抽盲盒越来越上瘾了。盲盒抽卡的热潮正悄悄席卷她所在的班级，每个同学都仿佛被这股魔力所吸引。"我今天抽到了隐藏款！""哎呀，我又买到重复的了……"大家都在兴奋地分享着自己的"抽卡经历"。

起初,小马只是站在一旁看同学们兴奋地拆盲盒。但渐渐地,她感到自己似乎被这个圈子边缘化了。为了不再孤单,为了能和同学们有更多共同的话题,小马鼓起勇气走进了学校门口那家新开张的盲盒小店。

店内货架上摆满了各式各样的盲盒,小马被深深地吸引了,她不自觉地伸出手,挑选了一个包装最为炫酷的盲盒。然而,

当她准备付款时,却发现这个盲盒的价格有点高。正当她犹豫不决时,店主叔叔仿佛看穿了她的心思,笑眯眯地走过来,说道:"小朋友,喜欢就带走吧!我保证你抽到好东西,还给你打折!"他轻描淡写地略过了包装盒背后"未成年人禁止单独购买"的提示。

小马的心被欲望驱使,她心想:有了这张卡牌,我就能和别的同学有共同话题了,说不定我还能抽到隐藏款呢!于是,她用积攒已久的零花钱买下了那个盲盒。回到教室,她满心期待地打开盲盒,却发现里面只是一张普通得不能再普通的卡牌。那一刻,失望如潮水一般涌来,但她更意识到,自己似乎陷入了一个无法自拔的漩涡。

随着时间的推移,小马越来越沉迷于抽卡,学习成绩开始下滑,

故事说法：
未成年人保护

与家人的关系也变得紧张起来。她的父母终于察觉到了异常，通过耐心询问，得知了事情的原委。

一天，小马的父母带着她，再次来到了那家盲盒小店。他们向店主明确指出了"未成年人禁止单独购买"的规定，并指出了店主的违规行为。店主一开始还想辩解，但在小马的父母坚定的态度面前，不得不选择了沉默。

随后，小马的父母又拨通了当地市场监督管理局的电话，详细举报了这家商店的不当行为。不久之后，当地市场监督管理局的工作人员对这家商店进行了检查，依法对其进行了处罚，并表示，今后将加强对校园周边商铺的监管力度。

根据国家市场监督管理总局《盲盒经营行为规范指引（试行）》第二十三条，盲盒经营者不得向未满 8 周岁的未成年人销售盲盒；向 8 周岁及以上未成年人销售盲盒商品，应当依法确认已取得相关监护人的同意。盲盒经营者应当以显著方式提示 8 周岁以上未成年人购买盲盒需取得相关

监护人同意。盲盒经营者应当采取有效措施防止未成年人沉迷其中，以保护未成年人身心健康。 这一规定旨在保护未成年人的合法权益，防止他们因缺乏判断力而受到不当营销的影响。此外，该规定还强调了盲盒经营中的信息披露要求，即盲盒经营者必须将商品价值、抽取规则、抽取概率等关键信息以显著方式对外公示，以确保消费者在购买前能够充分了解产品情况。在这个故事里，商家违法出售盲盒卡牌给未成年人，严重违反了市场规则和国家政策，应当依法受到惩处。

故事说法：
未成年人保护

1. 小马在购买盲盒时，店主没有遵守的规定是_____，这导致店主的经营行为违反了未成年人的保护规则。

（正确答案：盲盒经营应当以显著方式提示8周岁以上未成年人购买盲盒需取得相关监护人同意）

2. 小马在购买盲盒时，应在_____的情况下进行购买，以保护自己的合法权益。

（正确答案：监护人陪同）

3. 在小马的故事中，当地市场监督管理局对商店采取了哪些措施？（ ）

　　A. 给予警告

　　B. 依法处罚商店，并加强监管

　　C. 关闭商店

　　D. 提供赔偿

（正确答案：B）

10. 未经监护人同意为未成年人文身，构成侵权吗？

在一个宁静的小镇，有一间文身工作室。13周岁的李某对世界充满好奇，他经常利用课余时间到这家文身工作室玩，慢慢地和老板韩某熟络了起来。

小升初的暑假，李某突然兴奋地提出："韩叔叔，我一直想有个独特的文身，这样能让我看起来更酷！"韩某听后，既没有核实李某的年龄，也没有联系其监护人，便答应了李某的请求。

几个小时后，李某的身上多了一处精心设计却略显稚嫩的大面积文身，韩某也收到了5 000元的文身费用。李某满意地离开了文身工作室，心中充满了成为"酷小孩"的喜悦，却未料到这样做给自己带来了许多麻烦。

> 故事说法：
> 未成年人保护

8月，李某的妈妈陪同李某办理入学手续，在入学体检时，医生的一句"你孩子身上有文身"如同一道晴天霹雳，让李某的母亲震惊不已。开学后，李某因为有文身而被同学们孤立，老师也联系李某的家长进行谈话。之后，李某的父母联系韩某，要求其为李某清洗文身，并商讨赔偿事宜。

但韩某的态度出乎意料的冷漠，他坚称自己只是按照李某的意愿提供服务，并无过错。双方虽多次协商，却始终无法达成一致。无奈之下，李某的父母将韩某告上法庭，希望通过法律手段维护李某的合法权益。

法院开庭那天,李某的母亲作为法定代理人,提出了要求被告韩某退还文身费用、赔偿清洗文身费用和精神损害抚慰金等诉求。韩某则辩称自己并不知晓李某是未成年人,且为其文身是双方自愿的交易行为。

经过审理,法官最终认定韩某在为李某提供文身服务时未尽到合理的注意义务,未核实李某的年龄,也未征得李某监护人的同意,存在明显过错。因此,法院支持李某的诉讼请求,判决韩某退还文身费用,并赔偿清洗文身费用和一定数额的精神损害抚慰金。

未成年人,在法律上被界定为无民事行为能力人或限制民事行为能力人。这类人群由于心智发育尚不健全,生活经验相对缺乏,因此在民法领域内独立实施民事法律行为的能力受到严格限制。根据《民法典》第一百四十五条,限制民事行为能力人实施的纯获利益的民事法律行为或者与其年龄、智力、精神健康状况相适应的民事法律行为有效;实施的其他民事法律行为经法定代理人同意或者追认后有效。

对于未成年人而言,文身不仅可能直接损害其身体健

> 故事说法：
> 未成年人保护

康，还可能成为他们在求学、服兵役、求职等人生重要阶段遭遇阻碍的因素，从而间接侵犯了他们的健康权、个人发展权、受保护权，以及平等参与社会生活的权利。文身服务提供者在提供服务之前，应当承担起必要的审慎审查义务，确保顾客的年龄和身份符合接受文身服务的法定条件。这就意味着文身经营者必须采取合理措施核实顾客是否已成年，或是否已获得法定监护人的明确同意，以避免因疏忽大意而给未成年人带来不必要的身心伤害。这样做不仅能够保护未成年人的合法权益，也是文身服务提供者履行社会责任、维护行业健康发展的重要体现。

1. 在为李某提供文身服务时，韩某未尽到的合理注意义务包括未核实李某的_____，也未征得其_____同意。

（正确答案：年龄；监护人）

2. 法院最终判决韩某_____，并要求他赔偿_____和一定的精神损害抚慰金。

（正确答案：退还文身费用；清洗文身费用）

3. 未成年人接受文身服务时，法律上要求商家应采取哪些措施？（   ）

    A. 仅需提供服务

    B. 了解未成年人的意图

    C. 核实未成年人的年龄，并征得监护人的明确同意

    D. 仅与未成年人签订口头协议

（正确答案：C）

> 故事说法：
> 未成年人保护

11. 向未成年人销售烟酒致使损害后果发生，需要承担损害赔偿责任吗？

小勇、阿强和李明是初中二年级的好友，平日里他们形影不离。这天是小勇的生日，为了庆祝生日，三个人决定到学校旁边的欣欣饭店吃饭。

餐厅内，阿强和李明为他们的好朋友小勇准备了生日蛋糕，并一起合唱了生日歌，大家的脸上都洋溢着笑容。小勇突发奇想：家里的大人逢年过节都会喝酒，我要不要也试试呢？这样就能增添生日的喜

庆气氛了。于是，小勇提议大家一起喝啤酒表示庆祝。尽管三人都还是年仅 14 岁的少年，但大家对于酒精饮料都抱有很大的好奇心，犹豫了一会儿，最终三人还是决定尝试一番。他们向服务员提出要一瓶啤酒，而欣欣饭店的服务员阿姨也没有拒绝他们。第一次尝到啤酒的滋味，三名少年觉得既新鲜又好玩，小勇在不知不觉中喝了不少酒。一番尽兴后，三人都吃得很饱，于是决定去湖边散步消食。

初夏柔风轻拂，带来丝丝凉意，岸边的垂柳微微飘动，三名少年沉醉在美景中。因为是第一次喝酒，小勇对自己的酒量并不清楚，他感觉头昏脑涨，身体有些轻飘飘的。走着走着，他不小心失去平衡，后仰跌入了湖中。同伴们见状，立即惊慌失措地试图救援，无奈力量有限，加之缺乏专业的救援技能，他们只能在焦急和绝望中眼睁睁地看着小勇在湖水中挣扎，最终沉入湖底。

> 故事说法：
> 未成年人保护

这场突如其来的悲剧给小勇的家人带来了无尽的悲痛，也让小勇的两位好友陷入了悲伤和自责。小勇的父母决定将欣欣饭店、阿强和李明这两名未成年人的监护人及某中学告上法庭，要求他们共同承担小勇溺亡所带来的各项损失。最终，阿强和李明接受了心理疏导，而欣欣饭店也为自己的违法行为付出了代价。法院最终认定欣欣饭店的违法售酒行为与小勇的死亡之间存在直接的因果关系，依法应承担相应的侵权责任。

同时，法院也指出，虽然阿强和李明这两名未成年人和他们的监护人在这次事件中并无直接过错，但作为同行者，他们应当在力所能及的范围内提供必要的帮助和照顾。至于某中学，虽然难以直接监管学生离校后的行为，但法院建议学校应加强对学生的安全教育，增强学生的自我保护意识。

法官说法

根据《未成年人保护法》第五十九条规定，学校、幼儿园周边不得设置烟、酒、彩票销售网点。禁止向未成年人销售烟、酒、彩票或者兑付彩票奖金。烟、酒和彩票经营者应当在显著位置设置不向未成年人销售烟、酒或者彩票的标志；对难以判明是否是未成年人的，应当要求其出示身份证件。根据《烟草专卖许可证管理办法》第四十四条第十项、《烟草专卖许可证管理办法实施细则》第五十条第二款，持证人向未成年人销售烟草制品或者未在经营场所显著位置设置相关禁止销售标志的，发证机关可以责令持证人暂停烟草专卖业务、进行整顿，直至依法取消其从事烟草专卖业务的资格。

故事说法：
未成年人保护

头脑小风暴

1. 如果你是阿强或李明，看到小勇掉入湖中，应该怎么做？请选出所有你认为正确的选项。（　　）

   A. 大声呼喊，向附近的成年人求助

   B. 报警

   C. 自己下水救援

   （正确答案：A、B）

2. 根据"法官说法"的内容，商铺、饭店等营业场所可以向未成年人出售烟酒吗？

   （正确答案：不可以）

3. 根据"法官说法"的内容，小勇、阿强、李明三人吃饭的餐厅向他们提供啤酒，可能会承担怎样的行政责任？

   （正确答案：责令整顿，严重者吊销营业执照，等等）

12. 在行政给付案件中，如何全面保障未成年人的合法权益？

2017年11月，小亮刚刚出生就被检查出患有先天性心脏病。为了给小亮一个健康的未来，家人带着他踏上了艰难的求医之路。

2018年春天，小亮在某知名儿童医院接受了治疗，手术虽成功，但高昂的医疗费用像大山一样，压得这个家庭喘不过气来——总计7万余元的账单，对于这个普通家庭来说是一笔不小的数目。

幸运的是，小亮的家人早在他出生不久（2017年11月）为他一次性缴纳了2017年和2018年的医疗保险参保费用。然而，由于某县医疗保险事业管理局在录入系统时的疏忽，小亮2018年的连续参保信息未能有效录入，这意味着他无法享受到应有的医疗保险报销政策。面对这种情况，小亮的家人一纸诉状将某县医

> 故事说法:
> 未成年人保护

疗保险事业管理局告上了法庭,请求法院判决某县医疗保险事业管理局给小亮报销住院期间产生的医疗费用。

法院受理此案后,确认小亮及其家人已按时缴纳了2017年和2018年的医疗保险参保费用这一事实,随即向某县医疗保险事业管理局发出了司法建议书,以确保小亮的合法权益得到应有的保护。收到司法建议书后,某县医疗保险事业管理局高度重视,立即召开局务会议,认定小亮的续保关系确实成立,并迅速启动补报销程序,对小亮2018年上半年因治疗先天性心脏病所产生的医疗费用进行了全额报销。

为了表达感激之情,小亮及其家人向法院提出了撤诉申请。法院审查后,裁定准许撤诉,为这段司法小插曲画上了圆满的句号。

法官说法

　　这是一起涉及未成年人社会保障行政给付的典型案例。小亮系自出生之日起便被确诊患有先天性心脏病，其家人面临巨额医疗费用。若按常规司法程序，可能会贻误病情，法院对此进行了灵活处理。在案件受理后，法院迅速转变传统思维模式，发挥司法能动性，不仅与被告某县医疗保险事业管理局直接沟通，发出司法建议，还积极联动原告所在地县政府，通过多轮深入沟通与法律阐释，迅速就小亮参保关系这一案件焦点达成了共识。

　　本案例的成功解决，是人民法院积极践行诉源治理理念，有效监督行政行为，切实维护未成年人合法权益的生动实践，筑起了一道坚固的司法防线，彰显了人民法院对于构建未成年人立体保护体系的坚定决心与责任担当，力求让每个孩子都能在法治的阳光下健康成长。

故事说法：
未成年人保护

头脑小风暴

1. 你了解医疗保险制度吗？回家问问你的父母，他们有没有给你缴纳医疗保险参保费用？

（无标准答案）

2. 在这则故事中，人民法院没有走常规的司法程序，而是通过给某县医疗保险事业管理局发出司法建议等行为保护小亮的合法权益，这样做有什么好处？

（正确答案：常规司法程序往往需要较长的时间，故事中人民法院通过与相关部门直接沟通高效、及时地维护了小亮的合法权益，在不延误其病情的基础上灵活解决案件纠纷）

3. 思考题：行政案件往往会遭遇当事人维权难、法院审判难的困境。开动脑筋思考，从这则故事中，你能看出我国法院处理行政案件有什么特点？

（正确答案：高效灵活，权利本位，切实回应民众需求，科学公正，等等）

13. 散布侵害未成年人权益的网络信息，会有怎么样的后果？

最近，一款名叫"糖果派对"的游戏在学生中很是流行。但由于家长平时管得严，这些学生只能在周末拿到手机使用。好不容易盼来了周末，孩子们心想：这下终于可以玩一会儿自己喜欢的游戏了。结果正当孩子们玩得正开心时，手机却跳出来一则提示，告诉孩子们已经超过规定时间，不能再玩这款游戏了。原来，游戏软件设置了未成年人防沉迷系统，一旦达到时间上限，游戏软件就不再运行。孩子们只好失望地关掉了游戏，把手机上交给了父母。

但是，有一个名叫叶明明的"神秘人"，他以表演魔术的名义，面向低龄儿童悄悄地开启了直播，他宣布："孩子们，我有一个秘密，可以让你们摆脱'游戏守护者'的限制，自由自在地玩耍！"

听到这个"好消息"，孩子们的眼睛都亮了起来，他们想象着自己在没有任何束缚的游戏世界里肆意玩耍的情景，内心充满了期待。于是，

故事说法：未成年人保护

一个个孩子被叶明明的话术吸引，涌进了他的直播间。

叶明明见状，脸上露出了狡黠的笑容，他继续说道："但是，这个秘密不是免费的哟，它需要一些'魔法石'来激活。想要得到'魔法石'，就必须交一点钱哟。"孩子们虽然有些不舍得钱，但想到能摆脱父母对自己玩游戏的限制，便纷纷拿出自己的零花钱、压岁钱，满怀希望地交给了叶明明。

然而，这只是一个开始。叶明明收到钱后，又假装严肃地说："孩子们，为了真正解除限制，我还需要你们的'魔法咒语'，也就是你们父母的微信号、支付宝账号和密码来验证你们的身份。"孩子们对叶明明深信不疑，没有多想就回家偷偷记下了父母的微信、支付宝账号和密码。叶明明拿到这些信息后，悄悄地从家长们的账户里取走了大量的"金币"（钱财）。等到家长们发现，为时已晚，他们的辛苦钱就这样被叶明明给"变"走了……

本案中，叶明明的行为被检察院提起公诉，人民法院认为叶明明以非法占有为目的，骗取多名未成年人支付大额费用，其行为构成诈骗罪；叶明明秘密窃取他人在第三方支付平台里的钱款，其行为构成盗窃罪。叶明明一人犯数罪，依法应当数罪并罚。

法官说法

随着互联网行业的迅猛发展，利用网络实施违法犯罪的案件日益增多。在现实生活中，常常有不法分子利用未成年人想突破网络游戏防沉迷系统限制的心理和安全意识不强等弱点，更新犯罪手段，实施财产犯罪。

对于此类案件，一方面要维护未成年人合法权益，另一方面要增强未成年人防骗意识，教育未成年人网络使用的有关法律规定，引导未成年人安全使用网络，防范网络沉迷。同时，监护人也应加强监护职责，引导未成年人合理、正确地使用网络。

故事说法：
未成年人保护

 头脑小风暴

1. 如果有陌生人以各种理由问你父母的微信、支付宝账号和密码，你可以告诉他们吗？

（正确答案：不可以）

2. 给游戏账号充大量零花钱，你觉得这种行为可取吗？

（正确答案：不可取。另外，在监护人未同意的情况下给游戏账号充值属于无效的民事法律行为）

3. 思考题：你觉得国家设置网络游戏防沉迷系统的目的是什么？你支持吗？结合本篇故事说说为什么。

（正确答案：支持。防止网络沉迷，关注现实生活，是设置网络游戏防沉迷系统的主要目的。从本篇故事可以看出，未成年人的防范意识不强，网络上的信息鱼龙混杂，一旦沉迷游戏很容易滑向被骗的深渊，导致很多不良后果）

14. 未成年人校园欺凌案件,如何形成合力从源头预防?

在一个阳光明媚的校园里,有一群正值青春年华的学生,赵小凤、钱小雨、孙小雷,还有张小阳,他们都是同一所学校的初中生,本应在知识的海洋中畅游,共同编织青春梦想的他们却发生了不该发生的事。

这天,赵小凤突然找不到自己的运动水杯了,焦急之际,他环顾四周,看见张小阳正拿着水杯喝水。他定睛一看,发现张小阳手里的水杯和自己水杯的颜色、形状都很像——这不就是自己的水杯吗?赵小凤觉得张小阳偷了自己的水杯,便气冲冲地走过去索要。张小阳严词拒绝了他,而且觉得自己受到了污蔑。但赵小凤一口咬定是张小阳偷走自己的水杯的,见张小阳不肯归还水杯,便召集好朋友钱小雨、孙小雷,决定给张小阳一点儿"教训"。

故事说法：未成年人保护

赵小风、钱小雨、孙小雷三人先后在学生宿舍和教室里对张小阳进行了多次欺凌，他们肆意辱骂张小阳，打张小阳的耳光、用脚踢张小阳，张小阳的身体和心理都受到了极大的伤害。经鉴定，张小阳受了轻伤。这一事件在校园里掀起了轩然大波，严重影响了学校的管理秩序和学习氛围。

人民法院受理该案后，经过公正的审理，依法对赵小风、钱小雨、孙小雷三人作出了处罚。这三人认识到了自己的错误，诚恳地认罪认罚，并表达了悔意。同时，这三人的监护人也表现出了极大的责任感，共同承担10万元的赔偿费用，希望能以此弥补三人的过错。

在学校、家庭和社会的共同努力下，校园逐渐恢复了往日的宁静与和谐。张小阳也在大家的关爱下慢慢走出了阴影，找回了笑容和自信。而赵小风、钱小雨、孙小雷三人也通过这次深刻的教训学会了尊重与宽容，他们用自己的行动证明：只要勇于改正错误，就能迎来新的开始……

案件宣判后，人民法院并没有止步于此。法官深知，预防比惩治更为重要。于是，一份充满温情的司法建议书被送到了这四名中学生所在的学校，法官们建议学校加强法治教育，将法律知识和道德教育渗透到日常教学的每个环节，让每名学生都能成为知法、懂法、守法的好少年。同时，法院还呼吁学校、家庭、司法机关三方携手，形成合力，共同织就保护未成年人免受欺凌的坚固网络。

法官说法

由于未成年人心智尚未成熟，处理校园欺凌案件必须贯彻"**教育为主、惩罚为辅**"的原则，在对未成年被告进行依法惩处的同时，加强教育引导，促使被告人深刻认识自己的错误，真诚悔过道歉，并取得被害人的谅解，有效化解矛盾。在这个故事中，人民法院根据三名被告人的犯罪事实、情节和悔罪表现，依法对其判处缓刑，并主动与社区、学校对接，积极落实缓刑期间的帮教

> 故事说法：
> 未成年人保护

措施，帮助未成年犯改过自新。法官相信，校园欺凌者必将受到法律惩治，被欺凌者一定会受到有效的保护，每名学生都不能做校园欺凌的实施者、参与者和旁观者。

头脑小风暴

1. 和同学发生矛盾时，采用动粗的手段是正确的吗？

（正确答案：不正确）

2. 遇到被同学欺负的情况，下列哪种做法是正确的？（　　）

A. 还手打回去

B. 向老师、家长寻求帮助

C. 召集自己的好朋友进行"复仇"

（正确答案：B）

3. 思考题：你觉得针对校园欺凌现象，家长、学校还有你本人可以采取哪些措施杜绝这一现象的发生？

（正确答案：家长应对子女进行严格教育，学校应对学生采取宣传引导措施，学生要学会保护自己，并在一定程度上对校园欺凌进行阻止，但不要逞强，必要时应寻求成年人的帮助）

15. "司法+N"联合救助,如何为困境儿童点亮希望之光?

方远是B市的一名小学生。他平时和父母生活在一起,父母为了生计日夜奔波,陪伴方远的时间少之又少,家中常常只剩下他孤独的身影。父母也深知这一情况,感到既愧疚又无奈。为了不让方远感到太孤单,同时考虑到他的安全问题,他们就拜托邻居林某某帮忙照看方远。

然而令他们没想到的是,邻居林某某表面上是一个和蔼可亲的中年女子,实际上却是一个心怀不轨的恶毒女性。她利用方远一家对自己的信任,以及方远父母不在身边的空隙,先后三次以给方远看病、涂抹药膏为由,故意触碰方远的隐私部位,对方远实施了令人发指的猥亵行为。这些行为如同阴霾,笼罩在方远的心头,让他陷入了深深的恐惧与绝望。

方远的精神状态急剧恶化,他变得沉默寡言,晚上常常噩梦连连,学习成绩也一落千丈。学校老师注意到了他的异常,经过细致询问,得知了真相。学校老

67

故事说法：
未成年人保护

师立即报警，并联系了方远的父母。获知真相后，方远的父母心痛不已，他们后悔没有给予儿子足够的关爱与保护。

案件很快被移送到人民法院审理。经过公正的审判，林某某被依法判处有期徒刑，受到了应有的惩罚。但法律的制裁只是第一步，如何帮助方远走出阴影，重拾生活的信心，成为更加紧迫的任务。

为此，人民法院启动了"司法+N"联合救助机制，一场针对未成年被害人方远的全方位救助行动悄然展开了。首先，法院联系当地心理协会，为方远安排了专业的心理治疗师。在温馨的治疗室里，心理咨询师用耐心与爱心，一点点打开方远的心扉，帮助他逐步走出心理阴影，找回了笑容与自信。其次，当地妇联也积极行动起来，聘请经验丰富的家庭教育指导师，为方远的父母提供了一对一的指导服务。最后，当地教育部门也积极响应，为方远安排了转学事宜。新学校教学质量优异，为方远提供了更为宽松、包容的康复环境。经过一段时间的努力，方远终于完全康复了，那个曾经活泼开朗的小男孩又回来了。

法官说法

　　人民法院在坚决依法惩处侵害未成年人犯罪的同时，不断延伸审判职能，致力于构建对未成年人的全方位帮扶救助体系。这一体系不仅着眼于帮助未成年人走出曾经遭遇的紧迫困境，还关注其心理健康及长远发展，确保每一个受伤的心灵都能得到精心的呵护。方远所在地司法部门充分利用司法救助制度的优势，主动携手当地民政、教育、妇联、团委等多个部门，形成强大的工作合力，给方远及其父母提供了及时而专业的指导与帮助。

故事说法：
未成年人保护

"司法+N"联合救助机制，实现了从单一救助向多元协同、从被动等待到主动发现、从单一部门行动到跨部门联动的根本性转变。这一机制不仅确保了每一个处于困境中的未成年人都能被及时发现，并被纳入救助范围，还促进了司法救助与社会救助体系的深度融合，为未成年人编织了一张更加紧密、高效的安全网。它不仅是司法力量与社会力量的有机结合，还是对"儿童利益最大化"原则的生动实践。在这一机制下，陷入困境的未成年人不仅获得了物质上的帮助，还得到了心灵的慰藉、教育的保障及其对未来生活的希望，真正实现了从"脱困"到"发展"的跨越。

1.结合故事思考，除了给自己看病的医生，其他人有权随意触碰自己的隐私部位吗？

（正确答案：不能）

2. 很多人认为，只有女孩子才会碰到猥亵的情况，这种观点对吗？

（正确答案：错误。无论男女都有可能遭到猥亵，每个人都要学会保护自己，坚决不让陌生人触碰自己的隐私部位）

3. 思考题：结合故事说说，"司法+N"联合救助机制在这篇故事中具体是如何体现的。

（正确答案："司法+N"联合救助机制是司法部门联合心理机构、当地妇联及教育部门等社会力量，对处于困境中的方远进行综合帮助，最大化地维护方远的权益）

> 故事说法：
> 未成年人保护

16. 未成年人多次少量抢取同学财物，应当如何定性？

徐晨、张阳和阿虎是三个形影不离的好伙伴，他们的父母常年忙于工作，对他们的陪伴和管教少之又少。缺少正确引导的三个孩子渐渐变得叛逆起来，常常聚在一起，在镇上混吃混喝。

高一那年的秋天，不安分的他们又开始谋划起了新的"坏点子"。一天，在上学的路上，他们守在马路的红绿灯旁，看到同学小高独自走过，便迅速围上去，恶狠狠地威胁小高交出钱来。小高吓得瑟瑟发抖，无奈之下掏出5元钱递给了张阳。可他们并不满足，继续在小高身上翻找，又搜出了43元钱，然后带着得意的笑声跑开了。

有了第一次的"成功"，接下来的日子里，他们愈发肆无忌惮。每次作案，他们只要遇到说没钱的学生，就对其拳打脚踢，直到对方交出身上所有的钱才停手。后来，他们的手段越来越恶劣，还找来帮手，把同学逼进小巷子里索要钱财。

短短两周的时间，他们多次作案，先后从7名未成年中学生手中抢走了158.5元，其中张阳参与了5起，共获得赃款76.5元。然而，他们不知道的是，自己的一举一动都已进入警方的视线。警方很快注意到了这些异常情况，便迅速展开调查，很快就将他们一一捉拿归案。

随后，检察院以寻衅滋事罪对徐晨、张阳和阿虎提起公诉。检察官们严厉地批评了他们，告诉他们用暴力和威胁去抢夺别人的钱财是严重违法的行为，不仅会扰乱社会的正常秩序，也会让自己失去宝贵的自由。尽管他们年纪尚小，但只要触犯了法律，就必须为自己的行为负责。

故事说法：
未成年人保护

最终，法院经过审理，认为公诉机关起诉指控的犯罪事实清楚，证据确凿充分，罪名成立，徐晨、张阳、阿虎都因为寻衅滋事罪受到了法律的惩处。这三名曾经懵懂无知的少年，因为一时的糊涂走上了违法犯罪的道路，不得不接受法律的惩罚。

法官说法

《最高人民法院关于审理未成年人刑事案件具体应用法律若干问题的解释》第八条规定："已满十六周岁不满十八周岁的人出于以大欺小、以强凌弱或者寻求精神刺激，随意殴打其他未成年人、多次对其他未成年人强拿硬要或者任意损毁公私财物，扰乱学校及其他公共场所秩序，情节严重的，以寻衅滋事罪定罪处罚。"

《最高人民法院关于审理抢劫、抢夺刑事案件适用法律若干问题的意见》第九条规定："对于未成年人使用或威胁使用轻微暴力强抢少量财物的行为，一般不宜以抢劫罪定罪处罚。其行为符合寻衅滋事罪特征的，可以寻衅滋事罪定罪处罚。"

未成年人以殴打、恐吓的方式强取其他未成年人少量现金的行为，符合寻衅滋事罪的特征。即使有暴力手段出现，亦应与成年人的同类行为有所区别，三人的行为由于未造成被害人轻微伤以上后果，属于使用轻微暴力强抢少量财物的行为，因此法院以寻衅滋事罪对三人进行定罪处罚。

故事说法：未成年人保护

头脑小风暴

1. "未成年人因为年纪小，所以犯罪不需要负责任。"这句话对吗？

（正确答案：错）

2. 根据"法官说法"的提示，未成年人使用威胁或轻微暴力手段强抢少量财物，会被定什么罪？

（正确答案：寻衅滋事罪）

3. 如果碰到同龄人在小巷里用凶器威胁你交出零花钱，下面哪种做法是正确的？（　　）

　　A. 先乖乖交出零花钱，等到安全后寻求父母或老师的帮助，或者报警

　　B. 不怕威胁，和他们正面对抗

（正确答案：A）

17. 离异家庭中的未成年人遭受家庭暴力，可以变更抚养关系吗？

小韩是一个可爱的小女孩，父母离婚后，小韩跟着父亲韩某一起生活。父亲希望小韩能成为一个品学兼优的孩子。然而，每当小韩没有达到父亲的要求时，父亲就会很生气，会用木棍打小韩的手、屁股，还会让小韩罚跪。这些惩罚不仅给小韩的身体上留下了很多伤痕，也让她的心里充满了恐惧。

故事说法：
未成年人保护

有一天，学校的老师发现了小韩身上的伤，他们心疼极了，赶紧给小韩的母亲张某打了电话。母亲张某听到这个消息后，心里像刀割一样疼。她立刻赶到学校，把小韩紧紧抱在怀里，眼泪止不住地流了下来，并且打电话给韩某要求其改正。为此，警察还专门对韩某殴打虐待小韩的事出具了家庭暴力告诫书，父亲韩某也向有关部门出具保证书，承诺不再殴打虐待小韩。

然而，小韩的噩梦并没有就此停止。有一天，邻居发现小韩仍在遭受父亲的殴打，实在忍无可忍，立即做了报警处理。警察赶到后，发现小韩的伤势严重，立刻进行了立案调查，并将小韩交由其母亲张某临时照料。

母亲张某看着小韩那双充满恐惧的眼睛，心都要碎了。她意识到不能让小韩继续生活在这样的环境中了，孩子需要一个安全、温暖的家。于是，她决定向法院申请变更抚养权，希望小韩能跟她一起生活。同时，为了保护小韩的安全，她还申请了人身安全保护令，请求法院责令前夫韩某停止对小韩的伤害和威胁。

在法院，法官认真地听取了小韩父母双方的陈述，并查看了小韩身上的伤痕和医院的诊断书，认定韩某的行为已经构成了家庭暴力，对小韩的身心健康造成了严重的伤害。当天，法院依法出具了人身安全保护令,禁止韩某对小韩实施家庭暴力,禁止韩某威胁、控制、骚扰小韩。一段时间后,变更抚养权纠纷案审理完毕,小韩由母亲张某直接抚养,母女俩终于过上了幸福的生活。

故事说法：未成年人保护

法官说法

根据《最高人民法院关于适用〈中华人民共和国民法典〉婚姻家庭编的解释（一）》第五十六条第二项规定，与子女共同生活的一方不尽抚养义务或有虐待子女行为，或者其与子女共同生活对子女身心健康确有不利影响，父母一方要求变更子女抚养关系的，人民法院应予支持。

家庭是孩子人生的第一所学校，父母是孩子的第一任老师。父母应当树立优良家风，弘扬家庭美德，重视家庭文明建设。父母有教育、保护未成年子女的义务，未成年人的父母应当积极学习家庭教育相关知识，为未成年子女的健康成

长创造良好、和睦、文明的家庭环境。父母要学会运用恰当的教育方式，不能采用对未成年子女进行体罚等简单粗暴的错误教育方式。人民法院在处理涉未成年人案件中，应当遵循未成年人最大利益原则，充分考虑未成年人的身心特点和个人意愿，给予未成年人特殊、优先保护。在本案中，被申请人韩某作为小韩的直接抚养人，在抚养期间存在严重侵犯未成年人身心健康、不利于未成年人健康成长的行为，故法院支持张某的诉请，判决变更抚养关系。

1. 有人认为，父母对孩子无休止的殴打行为是严格教育的体现，你认为正确吗？

（正确答案：错误。父母应采用恰当的教育方式对未成年子女进行教育。殴打行为如果达到一定的人身伤害程度可以定为家庭暴力）

2. 如果你有同学遭受了家庭暴力的身心摧残，结合"法官说法"，你认为他应该如何维护自己的权益？

（正确答案：用《未成年人保护法》和《民法典》等法律维护自己的权益）

故事说法：
未成年人保护

3.思考题：你认为应该如何帮助正在经历父母离异、家庭暴力的同学积极面对生活？

（正确答案：从同学、朋友的角度来说，可以多多陪伴同学，给予其支持和帮助；从学校的角度而言，应当给予学生更多心理方面的关注和引导，让学生明白父母之间情感破裂并非自己的过错；从社区、妇联的角度而言，应当从未成年人物质生活保障与精神健康发展出发，帮助未成年人步入生活正轨）

18. 包含未成年人隐私的视频，能未经处理私自上传网络吗？

张晶是一名刚刚升入小学的小女孩，因为不适应新环境，哭闹着不肯去学校。张晶的父母气急之下将张晶绑到路边的大树上，想让张晶听话去上学。面对父母的粗暴教育，张晶十分害怕，她用力挣扎，想挣脱绳子的束缚，裙子在她扭动时被撩起，露出了里面的内裤。

这一幕刚好被路过的李大叔看到了。他停下脚步，觉得这对父母的行为十分不妥，便拿出手机拍摄视频。张晶的父亲注意到他在拍摄视频，让他不要多管闲事。李大叔虽然离开了，但他回到家后，越想越觉得这样的教育方式不对，他希望能够通过网络来曝光并批评这种不恰当的教育方式。于是，冲动之下，他把拍摄的视频直接发到了网上，既没有给张晶的脸打上马赛克，也没有遮住她的隐私部位。

故事说法：
未成年人保护

在网络红人的推波助澜下，李大叔的视频很快在网络上传播开来，并引发了人们的讨论。舆论的压力排山倒海地涌向张晶和她的父母，让他们不堪其扰。张晶的父母非常生气和难过，他们认为李大叔的行为严重侵犯了张晶的肖像权、名誉权和隐私权，对她造成了二次伤害。他们向视频平台反映，希望平台能够删除相关视频，但平台并没有及时做出响应。于是，张晶的父母请来律师，把李大叔和视频平台都告上了法庭。

法官经审理认为，李大叔虽然是为了维护未成年人张晶的合法权益，但他将含有未成年人隐私的视频上传至网络平台，超出了舆论监督的限度，反而给小晶造成了伤害，侵犯了张晶的肖像权和隐私权；而该视频仅为对事件的客观记录，李大叔的网络评论亦在合理范围内，无侮辱诽谤之处，因此没有侵犯张晶的名誉权。由于李大叔已于当日自行删除了相关视频，视频平台不需要再为此承担连带责任。最终，法官让李大叔亲自向张晶赔礼道歉，酌情给予张晶精神损害抚慰金，并承担律师费、诉讼费等经济损失，同时对张晶的父母进行批评教育，对其采取不当家庭教育方式的行为进行了训诫，张晶的合法权益得到了捍卫。

《未成年人保护法》第四条规定，保护未成年人，应当坚持最有利于未成年人的原则。处理涉及未成年人事项，应当符合下列要求：（一）给予未成年人特殊、优先保护；（二）尊重未成年人人格尊严；（三）保护未成年人隐私权和个人信息；（四）适应未成年人身心健康发展的规律和特点；（五）听取未成年人的意见；（六）保护与教育相结合。

《民法典》第一千零一十九条规定，任何组织或者个人

> 故事说法：
> 未成年人保护

不得以丑化、污损，或者利用信息技术手段伪造等方式侵害他人的肖像权。未经肖像权人同意，不得制作、使用、公开肖像权人的肖像，但是法律另有规定的除外。

《民法典》第一千零三十二条规定，自然人享有隐私权。任何组织或者个人不得以刺探、侵扰、泄露、公开等方式侵害他人的隐私权。隐私是自然人的私人生活安宁和不愿为他人知晓的私密空间、私密活动、私密信息。

公众对于社会上发生的不当行为有权发表言论进行批评，但这种批评应当有一定的限度，特别是涉及未成年人时，应当把未成年人的合法权益放在首位。法院在认定行为人的行为是否侵犯未成年人的人格权时，采取最有利于未成年人的原则，综合考虑行为人的职业、影响范围、过错程度，以及行为的目的、方式、后果等因素进行判定。

除此之外，成年人包括父母教育未成年人，应当尊重未成年人的人格尊严并符合未成年人身心发展的规律和特点，以健康的思想、良好的品行和适当的方法教育与影响未成年人。

1. 结合"法官说法"，李大叔的行为侵犯了张晶的什么权益？

（正确答案：肖像权和隐私权）

2. 你的朋友小明发现同学身上有特殊的胎记并和其他人大声嘲笑这位同学，请从法律角度说说这种做法是否正确。为什么？

（正确答案：不正确。每个人都享有隐私权和名誉权，要学会尊重他人的人格尊严）

故事说法：未成年人保护

3. 故事中的李大叔认为张晶父母的教育方式不对，那么李大叔可以采取哪些措施来合理表达自己的不满？（ ）

A. 上前心平气和地劝阻张晶父母

B. 上网发布视频"网暴"张晶父母

C. 向相关部门举报并反映情况

（正确答案：A、C）

19. "隔空猥亵"未成年人,将产生怎样的法律后果?

陈某对幼童有一种变态的迷恋,为了满足自己那扭曲的欲望,他在网上注册了好几个小号,把自己伪装成一名天真可爱的小女生,还偷偷地混进了学校和班级的QQ群、微信群,和那些真正的小学生搭上了话,还加上了好友。

陈某为了能和这些小学生混熟,可真是费了一番心思。他到处打听,知道现在的小女生喜欢玩换装游戏,于是他就跑去玩这个游戏,再和那些小女生一起聊游戏心得。慢慢地,通过一次次的聊天,他和这些小女生越来越熟悉。在她们的眼中,他已经是一个可以说知心话的"好闺蜜"了。

> 故事说法：
> 未成年人保护

日子久了，等小女生们放下了警惕，他就露出了真面目。他开始和小女生们玩起了惩罚剧本游戏，用花言巧语诱骗她们拍摄自己身体的隐私部位的照片和视频发送给他。那些单纯的小女生们，哪里能想到这个"好闺蜜"藏着这么坏的心思呢？

有一天，小宁的妈妈偶然间在小宁的手机里发现了这些影像，她的心一下子就揪了起来，着急地问小宁这是怎么回事。小宁委屈地说，自己是和网上认识的女生玩游戏输了，按照惩罚的约定才拍下这些照片和视频的。小宁妈妈又气又心疼，一刻也不敢耽搁，马上带着小宁去派出所报了警。

警察十分重视这起事件，经过一番立案调查，终于发现这个一直和小宁聊天的"好闺蜜"根本就不是小女生，而是成年男子陈某假扮的。警察很快就把这个案子移交检察机关处理。在审查逮捕阶段，检

察官仔细地梳理排查陈某账号内存储的聊天记录等数据，发现陈某还有对其他5名幼女实施隔空猥亵的犯罪事实。到了法院审理的时候，法官们综合在案证据，认定陈某构成了猥亵儿童罪，依法判处陈某有期徒刑。

　　为了不让这样的事情再次发生，检察机关向教育行政部门发出了网络交友软件检察建议，让大家对中小学的同类QQ群、微信群进行全面排查，加强网络风险的防控，给未成年人营造清朗的网络空间，让他们健康地成长。同时，检察官还向多名被害人的家长发出了督促监护令，并联合当地妇联的"春蕾安全员"，给家长做家庭教育指导，提醒家长要好好监护自己的孩子，教育孩子正确、健康地使用网络。

　　《最高人民法院、最高人民检察院关于办理强奸、猥亵未成年人刑事案件适用法律若干问题的解释》第九条第一款规定："胁迫、诱骗未成年人通过网络视频聊天或者发送视频、照片等方式，暴露身体隐私部位或者实施淫秽行为，符合刑法第二百三十七条规定的，以强制猥亵罪或者猥亵儿童罪定罪处罚。"

故事说法：
未成年人保护

《未成年人保护法》第六十四条规定："国家、社会、学校和家庭应当加强未成年人网络素养宣传教育，培养和提高未成年人的网络素养，增强未成年人科学、文明、安全、合理使用网络的意识和能力，保障未成年人在网络空间的合法权益。"

隔空猥亵儿童是猥亵儿童犯罪的新类型，与传统猥亵儿童犯罪不同，隔空猥亵儿童是在网络虚拟空间实施的猥亵犯罪，施害人以诱骗和胁迫为主要手段。

家长是未成年子女身心健康安全的第一责任人，要加强对未成年子女使用手机、平板电脑等电子设备的监管，教育引导子女正确、健康地接触网络。学校要加强对未成年人的网络安全教育，在利用网络授课时，教师应做好防范工作。网络监管机构要加强对网络空间的监管力度，完善对涉未成年人用户色情信息、图片的拦截、处置机制。

1. 如果网上有陌生人向你索要隐私部位的照片，你该怎么做？

（正确答案：坚决拒绝，并及时告诉家长）

2. 有同学认为只有实际触碰隐私部位才算猥亵，而只是看看照片没关系的，这种想法对吗？

（正确答案：错误。这属于隔空猥亵，是基于网络媒介的新型犯罪）

3. 网上信息纷繁，网友身份鱼龙混杂，请结合"法官说法"部分，说说可以采取哪些措施保障未成年人健康上网。

（正确答案：家长要加强对未成年子女的教育，引导孩子正确接触网络；学校要加强网络安全教育；网络监管机构要加大网络空间的监管力度；等等）

> 故事说法：
> 未成年人保护

20. 陌生人利用花言巧语绑架未成年人，如何提升未成年人的防范意识？

沈星在A市实验小学读六年级，他安静懂事，小小年纪就懂得体贴父母。沈星的父母平时工作繁忙，经常加班，懂事的他便主动向父母提出放学后自己走回家，沈星的父母欣慰地同意了。

这一天如往常一样，沈星独自走在回家的路上，期待着回家后早早写完作业可以逛一逛小卖部。走着走着，沈星看见一个大哥哥朝这边过来，很快就停在了他的面前。大哥哥微笑着告诉沈星，他的女朋友今天过生日，因此想邀请沈星帮自己布置房间，沈星每帮忙吹一个气球就能得到1元钱。平日零花钱比较少的沈星一听这个条件便心动了，他心想：现在反正还早，吹完气球再回家写作业完全来得及。而且这个哥哥看上去很亲切，一点儿也不像坏人。想到还能得到更多的零花钱，沈星便高兴地同意了。

但接下来发生的事情让沈星陷入了害怕和无助。那个看似亲切的大哥哥带他一走进房间,就用胶带把他的手脚绑了起来,还威吓他说出他父母的手机号码。沈星害怕得哭了,只好告诉绑匪他父母的手机号码。绑匪打通沈星父母的电话后向他们索要5万元。在确认沈星父母已经汇款后,便丢下沈星独自离开。

被留在屋内的沈星坚持挣扎着,终于把胶带撑松,将手脚解脱出来。获得自由的沈星立马离开楼房,向路人借用手机打了父亲的电话。沈星父母第一时间赶到案发现场将他接回,并拨打电话报警。而等待那位大哥哥的,将是法律的惩罚。

故事说法：未成年人保护

法官说法

随着学校、家庭与社会的融合，未成年学生参与各种社会实践或体验活动的机会日益增多，单独出行的未成年学生更容易受到不法分子的侵害。本案事发地点为学校周边，事发时间为学生放学回家途中，广大未成年人要以此为鉴，增强人身安全意识，掌握自我保护技能。放学后与同学结伴而行，不要随意与陌生人交谈，尽可能不落单。如果不能及早回家，要将自己的行踪告知家长或老师，并征得家长或老师的同意。如果遇到不法侵害，要镇定自若，切不可慌张，同时还要寻找机会展开自救或等待救援。

头脑小风暴

1. 如果有陌生人邀请你去他家里,你该同意吗?

（正确答案：不应该）

2. 如果你是沈星,绑匪逼你说出父母电话号码,你该怎么办?

（正确答案：如实告诉,因为要先确保自身安全,不可激怒绑匪）

3. 下列哪项做法是错误的?（   ）

A. 放学后和同学结伴回家

B. 放学后为了抄近路,走偏僻的小巷

C. 察觉到有人跟踪自己,立马走进附近的超市寻求帮助

D. 到家后给父母报平安

（正确答案：B）

> 故事说法：
> 未成年人保护

21. 酒吧经营允许未成年人入内，将承担怎样的法律责任？

"夜色迷城"酒吧是 A 市的一处热门娱乐场所，吸引着许多年轻人前往。在一个普通的周末夜晚，酒吧内人声鼎沸。此时，一群青涩的少年，脸上洋溢着兴奋与好奇，在一位"熟客"的带领下，未经年龄核实便轻松跨入了这家酒吧的大门。

酒吧的经理老李为了追求更高的营业额和营造热闹的氛围，他对频繁进出酒吧的未成年人视而不见，甚至默许员工向他们推销酒精饮料。在他看来，只要顾客消费，其他都无关紧要。随着时间的推移，这些未成年人开始沉迷于酒精带来的短暂快感，严重影响了学业、家庭关系乃至身心健康。

　　直到一次偶然的机会，当地检察院在办理一起涉及未成年人的犯罪案件时，才发现这些未成年人的不良行为轨迹与"夜色迷城"酒吧关系密切。检察官们深入调查，通过调取监控录像、询问相关人员等方式，最终确认该酒吧长期存在不核实消费者年龄、违规向未成年人售酒等违法行为。

> 故事说法：
> 未成年人保护

酒吧作为公共娱乐场所，既有责任也有义务保护未成年人的健康成长，而"夜色迷城"的所作所为，无疑为未成年人接触不良信息和诱发犯罪行为提供了温床，给引发治安案件甚至刑事案件埋下了隐患，更损害了不特定未成年人的身心健康。面对该酒吧严重侵害未成年人合法权益的情况，检察院决定向法院提起民事公益诉讼。人民法院采纳了检察机关的意见，依法判决"夜色迷城"酒吧不得允许未成年人进入、不得向未成年人售酒，并在省级媒体上公开对允许未成年人进入及向未成年人售酒的行为和造成的不良影响向社会公众赔礼道歉。

案件审结后，法院为从源头上预防和减少此类案件的发生，向当地市场监管部门发出综合治理的司法建议，要求规范辖区内营业性娱乐场所的经营活动，加强对经营者的法律培训；加大日常检查，从源头上杜绝相关娱乐场所接纳未成年人并向其出售烟酒；加强行政执法，对违法经营行为及时惩处；加强宣传引导，增强经营者合规经营和保护未成年人的意识。经过各方的共同努力，A市因违规接纳未成年人进入酒吧引发的治安和刑事案件发生率明显下降。

法官说法

　　《未成年人保护法》第五十八条规定："学校、幼儿园周边不得设置营业性娱乐场所、酒吧、互联网上网服务营业场所等不适宜未成年人活动的场所。营业性歌舞娱乐场所、酒吧、互联网上网服务营业场所等不适宜未成年人活动场所的经营者，不得允许未成年人进入；游艺娱乐场所设置的电子游戏设备，除国家法定节假日外，不得向未成年人提供。经营者应当在显著位置设置未成年人禁入、限入标志；对难以判明是否是未成年人的，应当要求其出示身份证件。"

　　任何商业活动都应以遵守法律法规、尊重社会公德为前提，特别是涉及未成年人保护的敏感场所，经营者应自觉承

故事说法：
未成年人保护

担起自己的社会责任。监管部门也应加大对娱乐场所的监管力度，建立健全监管机制，确保未成年人的合法权益得到有效保护。同时，社会各界应共同努力，通过普及法治教育，增强未成年人的自我保护意识，共同营造一个安全、健康的成长环境，让每个未成年人都能在法律的保护下健康成长。

1.《未成年人保护法》明确要求，经营者对难以判明是否是未成年人的顾客，应当要求其_____，以确保未成年人不被允许进入不适宜的场所。

（正确答案：出示身份证件）

2. 学校、幼儿园周边不得设置_____、酒吧、互联网上网服务营业场所等不适宜未成年人活动的场所。

（正确答案：营业性娱乐场所）

3. 关于本案中的酒吧经理老李，以下哪项说法是错误的？（　）

A. 他应当确保酒吧不向未成年人售酒

B. 他有权为了追求高营业额而忽视未成年人的权益

C. 他有责任在酒吧显著位置设置未成年人禁入标志

D. 他需要对酒吧接纳未成年人的行为负责

（正确答案：B）

故事说法：
未成年人保护

22. 未成年人组建不良社团，可以放任不管吗？

邵小峰是一名看似普通的初中学生，但其实他有着另一个身份——"峰峦之王"。邵小峰通过 QQ 群拉人等方式成立了"峰云社"，专门面向未成年人招募，迅速吸纳了两百余名社员，并形成了自己独特的口号、详尽的章程，以及一套严密而复杂的金字塔式组织结构，成员遍布 K 市的各个初中。

社团的"帮规"——"峰云社的社员受了欺负,峰云社的人就得为他出头做主"。该社团虽然凝聚了大量的成员,但也引发了数起令人痛心的治安与犯罪案件,严重威胁到了校园安全与社会和谐。作为社团的"老大",邵小峰理所当然地认为自己有责任和义务为受欺负的社员出头。于是,在一次"复仇"的活动中,邵小峰与现场劝架的群众动起了手,将其打成轻伤,惊动了警方。

警方以邵小峰涉嫌故意伤害罪将该案移送至检察院审查起诉,检察官通过对现有证据的分析,发现这并不是一起简单的故意伤害案件,而是牵扯到一个庞大的不良社团组织。面对这一严峻形势,检察院未成年人检察部门迅速行动起来。他们首先从邵小峰的案件入手,通过抽丝剥茧,逐步揭开了"峰云社"社团的神秘面纱。在历时一个多月的深入调查中,检察机关与公安机关紧密合作,彻底摸清了社团的组织结构、成员分布及活动规律,每所涉事学校内的参团学生情况都被一一核实,为后续的整治行动奠定了坚实基础。

紧接着,检察院采取一系列措施,努力挽救这些误入歧途的少年。他们主动联系"峰云社"社员的家长和学校,耐心劝说,希望他们能够帮助孩子认识到这个社团的危害,引导其主动退出社团。同时,检察机关还密切关注这些误入歧途的少年后续的学习、生活情况,通过跟踪、督促,确保他们彻底摆脱该社团的负面影响,重新步入正轨。对于邵小峰,考虑到其犯罪情节轻微,且有悔过表现,检察机关决定给予他一个改过自新的机会,作出了附条件不起诉的决定。

> 故事说法：
> 未成年人保护

随着时间的推移，曾经的阴霾逐渐散去，"峰云社"社团的阴影不再笼罩校园。而那些曾经迷失的少年，也在社会各界的关心与帮助下，重新散发出了属于自己的光芒，向着更加美好的未来迈进。

法官说法

通过精准施策，检察院不仅依法惩处了犯罪行为，还充分发挥了教育、挽救和预防犯罪职能，以法治之光照亮迷途少年的回归之路，引导他们重新步入社会正轨。此举不仅铲除了潜在的犯罪苗头，还深刻体现了法律的力度、深度与温度，对构建健康向上的未成年人成长环境，特别是营造和谐、安全的校园氛围，具有深远的意义。同时，此案也警示社会各界必须加强对未成年人的法治教育，共同守护青少年的健康成长。

故事说法：未成年人保护

头脑小风暴

1. 检察院对邵小峰作出附条件不起诉的决定，体现了《中华人民共和国刑事诉讼法》中关于对犯罪的未成年人实行_____的方针。

（正确答案：教育、感化、挽救）

2. 关于邵小峰及"峰云社"的行为，下列哪项描述最准确？（　　）

A. 属于正常的学生社团活动

B. 构成犯罪，应严惩不贷

C. 违反了未成年人保护相关法律规定，对校园安全构成了威胁

D. 纯属个人兴趣爱好，不应干预

（正确答案：C）

3. 检察院对邵小峰作出附条件不起诉的决定，体现了司法实践中的什么原则？（　　）

A. 严格执法，不容宽贷

B. 未成年人犯罪应当从重处罚

C. 教育为主、惩罚为辅

D. 犯罪行为均应公开审判

（正确答案：C）

23. 未成年人司法保护,如何运用数据赋能?

在一个阳光明媚的周末,小怡妈妈像往常一样给小怡洗澡,突然发现小怡的下身红肿,有些异常。她立刻询问小怡发生了什么,小怡犹豫了一会儿,小声说:"妈妈,是张叔叔……"听到这话,小怡妈妈心里一惊,但她很快就冷静下来,决定带小怡去医院。

109

> 故事说法：
> 未成年人保护

在医院里，医生仔细检查了小怡的身体，怀疑小怡是遭人性侵了。医生对小怡妈妈说："这事还挺严重的，如果没报警的话，需不需要我们帮忙报警？"小怡妈妈既心疼又愤怒，坚持要亲自去派出所报警。小怡爸爸得知此事后，却表现得十分犹豫。原来，张叔叔不仅是小怡爸爸的亲戚，还是他的重要生意伙伴，要是关系闹僵了，小怡爸爸的事业会受到严重影响。出于这样的担忧，小怡爸爸没有立刻报警。等过了几个月，小怡的父母前去报案时，有些重要的证据已经消失，无从查证了。

这时候，检察官注意到了这个问题。他们意识到，像小怡这样遭遇性侵却没能及时得到帮助的孩子还有很多，实践中"强制报告"制度落实不到位，性侵未成年人案件报案率、发现率低等突出问题客观存在。检察官们想出了一个好办法——"数据赋能"，即整合各单位数据，从中筛选出案件线索。

具体而言就是，检察机关整合卫健委、公安机关及医院的相关数据，分析未成年人异常诊疗、住宿及治安处罚信息，筛选出未履行强制报告义务导致的侵害案件线索缺失的情形及监护不当行为。检察机关通过大数据汇总比对，一旦发现司法机关尚未掌握的涉未成年人异常诊疗记录，就能够将其中涉嫌性侵犯罪的线索移交至公安机关。针对监护人未及时报警、长期放任被害人在外留宿等监护不当行为，检察机关制发督促监护令，监督其落实监护职责。通过数据分析，检察机关联合当地卫健委对强制报告执行问题突出的单位进行督促整改，强化医疗机构强制报告责任主体意识；启动强制报告"一键智达"应用场景建设，联合当地卫健委、公安机关等部门开发诊疗系统自动预警报告系统，打通部门壁垒，形成闭环治理，促使制度从依靠个体自觉向程序必经的转变，实现集发现报告、应急处置、研判转介、帮扶干预、督察追责于一体的系统整体化落实。

在数据赋能的帮助下，未成年人司法保护力度不断提升，强制报告制度得到进一步的落实。

> 故事说法：
> 未成年人保护

法官说法

　　为了防范小怡这类案件的发生，保护未成年人的身心健康，检察机关聚焦强制报告制度落实，系统汇总涉未成年人异常诊疗记录、涉未成年人性侵报案及立案记录等数据，发现涉未成年人性侵害案件的立案监督线索，通过刑事立案监督、民事监护干预形式，加大对性侵害未成年人犯罪的打击力度。同时，针对突出共性问题，启动数字化场景应用建设，优化强制报告路径，推进社会综合治理。

头脑小风暴

1. 《刑法》第二百三十六条规定，以暴力、胁迫或者其他手段强奸妇女的，处三年以上十年以下有期徒刑。奸淫不满_____周岁的幼女的，以强奸论，从重处罚。

（正确答案：十四）

2. 下列哪项不属于《关于建立侵害未成年人案件强制报告制度的意见（试行）》中规定的应当履行强制报告责任的主体？（　　）

A. 学校

B. 医疗机构

C. 村民委员会

D. 未成年人父母

（正确答案：D）

3. 检察机关在办理未成年人遭受性侵案件时，可能会采取哪些措施来加强司法保护？（　　）

A. 仅通过刑事手段打击犯罪

B. 单纯依赖个体自觉报告

C. 制发督促监护令，监督落实监护职责

D. 不涉及社会综合治理的改进

（正确答案：C）

> 故事说法：
> 未成年人保护

24. 未成年人密室逃脱受伤，"免责行规"能直接适用吗？

初中生彬彬和五个好朋友约定，一起去挑战新推出的"古村中学"主题密室。为了这场期待已久的冒险，他们早早就守在计算机前在网上预约好了场次，并提前付了门票钱。

到了周末，六名少年如约聚在了店里。工作人员拿出一份文件，说是"实景恐怖密室体验免责声明"。文件上的字密密麻麻，其中有一句特别扎眼："游戏期间，因个人受到惊吓而出现大幅度动作，误伤自己，由本人承担完全责任。"彬彬和朋友们瞧了瞧，想着店家肯定有经验，便没怎么在意，大笔一挥，签下了自己的名字，然后就迫不及待地走进了密室。

密室的场景布置得极为逼真，阴森而恐怖，在这样的气氛下，六名少年也不由得紧张起来。彬彬慌慌张张地往前跑，想要躲开那些突然冒出来的机关，却不慎脚下突然一滑，整个人重重地摔倒在了地上。小伙伴们都吓慌了神，赶紧呼叫工作人员。彬彬被紧急送往医院，经过检查，需要住院治疗和手术，费用加起来需要4万多元。对一个普通家庭来说，这可不是一笔小数目。

彬彬的父母想让店家承担相应的责任，可密室逃脱店的负责人却冷冰冰地拿出那份免责声明，说彬彬他们已经签了字，店里概不负责。无奈之下，彬彬的父母只得将密室逃脱娱乐室告上了法庭。经审理，法官认为那份免责条款是无效的，彬彬还是个未成年人，没经过父母同意就签了协议，同时店家也没能履行安全保障义务，存在重大过失。

> 故事说法：
> 未成年人保护

最后，法院做出了公正的判决。被告保险公司要在保险范围内赔偿彬彬医疗费、护理费、精神损害抚慰金等，一共3万元；密室逃脱娱乐室也要赔偿彬彬医疗费、住院伙食补助费、营养费、交通费、鉴定费等各项损失1万元。

躺在病床上的彬彬听到这个消息，既欣慰又感慨。这次受伤让他的身体遭了不少罪，但公正的法律就像一束温暖的阳光，照进了他的心灵。

法官说法

根据《民法典》第四百九十七条规定，有下列情形之一的，该格式条款无效：（一）具有本法第一编第六章第三节和本法第五百零六条规定的无效情形；（二）提供格式条款一方不合理地免除或者减轻其责任、加重对方责任、限制对方主要权利；（三）提供格式条款一方排除对方主要权利。

根据《民法典》第五百零六条规定，合同中的下列免责条款无效：（一）造成对方人身损害的；（二）因故意或者重大过失造成对方财产损失的。

免责声明合法与否应当依照其内容来认定，如果经营者提供的免责声明中存在《民法典》第四百九十七条、第五百零六条规定的免责条款无效的情形，消费者可要求经营者承担相应的责任。本案中，彬彬一行人在密室逃脱娱乐室工作人员的引导下签订了"实景恐怖密室体验免责声明"，这样的免责协议已经成为密室娱乐行业的通行规则。彬彬所参与的游戏主题中含有恐怖成分，免责条款中"游戏期间，因个人受到惊吓而出现大幅度动作，误伤自己，由本人承担完全责任"的内容，属于

故事说法：
未成年人保护

免责条款无效的情形。彬彬为未成年人，密室逃脱娱乐室没有证据证明彬彬等人签订上述免责协议时取得了监护人的明确同意，也未能排除安全隐患。故而密室逃脱娱乐室没有尽到足够的安全保障义务，存在重大过失，应当依法承担相应的赔偿责任。

近年来，密室逃脱类益智、挑战、刺激的游戏作为新兴行业，已逐渐发展成为文化产业的重要组成部分，其消费对象也呈现出年轻化的特点。在密室逃脱特定的情景下，经营者需要尽到的安全保障义务应高于一般限度，同时，对参与活动的未成年人的保护应采用较成年人权益保护更高的标准，以避免伤害的发生。本案的判决以民事责任方式设置司法保护红线，督促从业者自觉规范管理，准确把握经营者是否尽到安全保障义务的判断标准和依据，为经营者划定了安全保障范围，有助于引导该新兴行业的规范经营，避免出现类似安全问题，并且对未成年人参与此类活动可能带来的人身损害也有一定的预防作用。

故事说法：
未成年人保护

头脑小风暴

1. 根据《消费者权益保护法》，经营者不得以格式条款、通知、声明、店堂告示等方式，作出排除或者限制 _____、减轻或者免除经营者责任、加重消费者责任等对消费者不公平、不合理的规定，不得利用格式条款并借助技术手段强制交易。

（正确答案：消费者权利）

2. 根据《民法典》第一千一百九十八条，宾馆、商场、银行、车站、机场、体育场馆、娱乐场所等经营场所、公共场所的经营者、管理者或者群众性活动的组织者，未尽到 _____ 义务，造成他人损害的，应当承担侵权责任。

（正确答案：安全保障）

4. 下列关于"实景恐怖密室体验免责声明"的表述中正确的是哪一项？（ ）

　　A. 免责声明完全有效，因为参与者已签字确认
　　B. 免责声明因涉及经营者责任的免除而无效
　　C. 免责声明只对成年人有效，未成年人不受其约束
　　D. 免责声明在经营者充分告知风险后自动生效

（正确答案：B）

25. 电竞酒店接待未成年人，侵犯了未成年人的健康权吗？

小胡是个对电竞世界充满无限憧憬的初中生，他在偶然间听说了一家名为"极速战域"的电竞酒店。这家酒店以其独特的 21 间全电竞房配置而闻名，每间房都配备了高性能计算机、舒适的床铺和现代化的洗浴设备，仿佛是为电竞爱好者量身定制的天堂。

121

故事说法：
未成年人保护

  小胡和几位同样热爱电竞的朋友，常常苦恼于被网吧拒之门外，不能一起尽情战斗。但电竞酒店似乎对未成年人的到来并无太多限制。于是，一个周末的下午，他们鼓起勇气，瞒着父母，带着积攒的零花钱，跨入"极速战域"电竞酒店的大门，玩了个通宵。

  随着时间的推移，小胡和他的朋友们发现，尽管"极速战域"并未公开宣传，但未成年人的身影频繁出现在这里，享受着本不该属于他们的"自由"。更令人担忧的是，一些入住这家电竞酒店的未成年人开始有不良行为，甚至有人涉嫌参与了刑事案件。

  终于，这一系列问题引起了检察机关的注意。经过深入调查，检察官们发现"极速战域"电竞酒店在未取得互联网上网服务经营许可的情况下，长期违规接待未成年人，并提供上网服务，不仅严重侵害了未成年人的身心健康，也侵犯了他们的合法权益，同时还损害了社会公共利益。

  为了维护未成年人的合法权益，检察机关向法院提起了民事公益诉讼。在庄严的法庭上，检察官义正词严地阐述了这家酒店的违法行为及其带来的严重后果，并提出了两项具体请求：第一，依法判令该酒店禁止接待未成年人，并在酒店入口显著位置悬挂未成年人禁止入内的标志；第二，依法判令该酒店在媒体上公开赔礼道歉。

  法院采纳了检察机关的意见，认为该酒店侵害了未成年人的健康权等合法权益，并依法作出了相应的判决。这不仅是对"极速战域"

电竞酒店的一次严厉警示,还是对所有经营者的一个明确信号:保护未成年人,人人有责,任何侵犯未成年人权益的行为都将受到法律的严惩。

对小胡和他的朋友们来说,这次经历虽然充满了波折,但也让他们深刻认识到了自我保护的重要性。他们开始珍惜自己的青春时光,努力学习,用正确的方式去追求自己的梦想。

故事说法：
未成年人保护

法官说法

　　故事中，酒店违规接待未成年人入住，并提供电竞游戏服务的行为，对未成年人的身心健康造成了伤害，违反了《未成年人保护法》关于最有利于未成年人的原则和对未成年人予以特殊、优先保护的规定。入住电竞酒店的未成年人是通过互联网应用程序查找或经朋友、同学介绍到该酒店入住，故该酒店提供服务的对象具有不特定性，应认定为侵害社会不特定未成年人群体的社会公共利益。作为侵权主体，该酒店的行为侵害了未成年人的健康权等合法权益，影响了未成年人的身心健康成长，应当承担向社会公开赔礼道歉的民事责任，并应依照《未成年人保护法》，在显著位置设置未成年人禁止入内的标志。

　　电竞酒店兼具上网和住宿两种功能，但多数按照普通酒店经营方式管理，上网费用包含在住宿费中，规避了互联网上网服务营业场所不得允许未成年人进入的限制。入住电竞酒店的未成年人以玩游戏为主要目的，不仅影响身心健康成长，还有可能发生违法犯罪行为。电竞酒店违规接待未成年人，并提供电竞游戏服务的行为，不仅侵犯了未成年人的健康权，而且损害了社会公共利益。法院依据《未成年人保护法》等法律法规，根据最有利于未成年人原则，依法判处违规接待未成年人的电竞酒店承担相应法律责任，合理引导电竞酒店行业健康有序发展，填补电竞酒店管理漏洞，为未成年人的健康成长提供良好社会环境。

1. 关于"极速战域"电竞酒店的行为，以下说法中正确的是哪一项？（　　）

A. 未成年人有权自由选择入住，酒店无需承担任何责任

B. 酒店未取得互联网上网服务经营许可，违规接待未成年人，侵犯了未成年人的合法权益

C. 未成年人应自行承担因入住电竞酒店导致的所有后果

D. 酒店提供电竞服务是市场需求，无须特别限制未成年人

（正确答案：B）

> 故事说法：
> 未成年人保护

2. 在本案中，检察机关向法院提起公益诉讼的主要目的是什么？（　）

A. 保护未成年人的合法权益及社会的公共利益

B. 追究酒店的经济责任

C. 促使酒店改善电竞设备条件

D. 仅要求酒店在媒体上公开赔礼道歉

（正确答案：A）

3. 小胡和他的朋友们在未成年人保护方面的教训是什么？（　）

A. 应无视法律法规，追求自己的自由

B. 应更加积极地参与电竞活动，争取成为职业选手

C. 应增强自我保护意识，遵守法律法规，合理安排娱乐时间

D. 应联合起来起诉"极速战域"电竞酒店，维护自身权益

（正确答案：C）

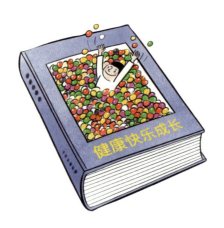

26. 未成年人同居怀孕生子，需要承担抚养义务吗？

小杨和小韩是小镇上的一对年轻情侣，虽然小杨只有16岁，但她初中毕业后便选择离家打工养活自己，像个大人一样生活。恋爱不久后，二人便决定同居。很快，小杨发现自己怀孕了。小韩让小杨把孩子生下来，并承诺等小杨到了法定结婚年龄就和她领结婚证。经过十月怀胎的艰辛，小杨顺利产下了一名女婴。孩子的到来，为这个小家增添了无尽的喜悦与忙碌。然而，为了给孩子更好的生活条件，孩子出生仅一周后，小韩和小杨便忍痛决定，让孩子接受奶粉喂养。孩子满月后，二人便离开家乡外出打工。

起初，两人还能共同分担在异乡谋生的艰辛，但随着时间的推移，生活的重压让小杨做出了一个决定——独自前往外地寻找更好的工作机会。而二人的孩子则一直留在家乡，由小韩的母亲抚养。小杨离开后，渐渐有了新的生活，并与小韩分手，对孩子则是不管不问。小韩和父亲只好前往小杨打工的城市，希望小杨能跟他们回乡共同生活，一起照顾孩子。然而，当他们找到小杨时，小杨坚定地拒绝了韩氏父子的这一请求。在多次沟通无果后，无奈之下，小韩决定寻求法律的帮助，他向法院提起诉讼，请求法院判令由他直接抚养孩子，并要求小杨承担抚养费。

> 故事说法：
> 未成年人保护

在法庭上，小杨对自己因一时冲动而与小韩同居生子的行为感到十分后悔。她表示按照法律规定，未满两周岁的子女应由她直接抚养，可她自己现在还是未成年人，独自在外地打工，无法承担抚养子女的重任。小韩认为，虽然现在他和小杨分手了，但他们俩仍是孩子的父母，对孩子负有抚养义务，他也愿意抚养孩子，但需要小杨按月支付抚养费。法官听取双方陈述后，考虑到小杨生下孩子后，既没有母乳喂养，又没有亲自照料孩子，不宜简单适用不满两周岁的子女应由母亲直接抚养的规定，基于最有利于未成年人的原则，结合父母双方的抚养能力、抚养条件、孩子成长环境等因素，孩子由父亲小韩直接抚养更为合适。法院认为，抚养子女是父母的法定义务，没有例外免责适用条件，虽然小杨尚不满18周岁，但她以自己的劳动收入作为主要生活来源，应视为完全民事行为能力人。作为孩子的母亲，她仍应每月支付抚养费700元，直至孩子年满18周岁为止。

故事说法：
未成年人保护

法官说法

未成年父母心智尚未成熟，缺失责任感，未婚生子且"生而不养"，不仅增加了社会负担，还影响了下一代的健康成长。在处理未成年父母问题时，应妥善平衡好各方利益。抚养孩子是父母的法定义务，父母未成年并不能作为免除抚养义务的条件。年满16周岁，且能以自己的劳动收入作为主要生活来源的未成年父母，需要承担适度的抚养义务，树立"行为责任自负"的正确人生价值导向，最大限度地抚养照料未成年子女。本案的裁判体现了法律最有利于未成年人的原则和对未成年人行为的教育引导。

130

1.《民法典》明确规定，_____对未成年子女负有抚养、教育和保护的义务。成年子女对父母负有赡养、扶助和保护的义务。

（正确答案：父母）

2.关于小杨在本案中的法律地位，以下说法中错误的是哪一项？（ ）

A. 小杨虽未成年，但已具备完全民事行为能力

B. 小杨作为母亲，对孩子负有法定的抚养义务

C. 小杨因未成年可免除对孩子的抚养责任

D. 小杨需按月支付抚养费直至孩子年满18周岁为止

（正确答案：C）

3.下列选项中哪项不是法官在判决时考虑的主要因素？（   ）

A. 孩子的年龄及健康状况

B. 父母的抚养能力和条件

C. 父母的经济收入状况

D. 父母双方的感情状况

（正确答案：D）

> 故事说法：
> 未成年人保护

27. 非法强迫未成年人劳动，将会承担怎样的法律责任？

在一个宁静而不起眼的小镇的边缘，有一栋兼有手表加工与居住功能的旧楼，张先生与赵女士夫妇二人在楼里经营着"晨光工坊"。这年春天，他们以招募学徒为名，通过镇上的职业介绍所，招到了三名充满工作热情的少年：小杰（16岁）、小宇（15岁）和小浩（13岁）。三名少年的家庭都比较困难，为了生计，他们早早离开了校园，想通过赚钱补贴家用。起初，三名少年以为找到了学习手艺的好去处，不料却陷入了泥潭。张先生以严格管理为由，用锁链锁住了通往外界的门，禁止三人外出，强迫他们长时间从事繁重的手表组装工作。每当小杰和小宇稍有懈怠，张先生便会棍棒相加。同时，赵女士也时常对这三名少年进行言语恐吓，三人因此生活在恐惧之中。不久后，一个叫林浩的年轻人加入了这个"晨光工坊"，他在不知情的情况下，受张先生指使，协助看管这些少年。

时间一天天过去,少年们的身心遭受了巨大的折磨。终于,在一个清晨,林浩鼓起勇气,偷偷拨通了报警电话。警察迅速赶到,破门而入,将三名少年从黑暗中解救出来,并将张先生、赵女士和林浩一并带走。

经过细致的调查与法医鉴定,警方确认小杰和小宇身上有多处伤痕,且均为轻微伤。当地法院对此案进行了审理,认为张先生、赵女士及林浩三人,以暴力、威胁及非法限制人身自由的方式,非法强迫未成年人从事劳动工作,严重侵犯了未成年人的人身权益,构成强迫劳动罪,且情节恶劣。

法院根据各被告人在犯罪中的具体作用,依法作出以下判决:张先生作为主犯,被判处有期徒刑三年,并处罚金;赵女士和林浩因在

故事说法：未成年人保护

犯罪中起次要或辅助作用，被认定为从犯，分别判处有期徒刑十个月和七个月，并处相应罚金。三人均表示认罪伏法，未提出上诉或抗诉，判决生效。此案在小镇上引起了广泛关注，成为未成年人保护的典型案例。人们开始重视保护未成年人的合法权益，社会各界也加强了对此类违法行为的监督与打击力度，共同为未成年人营造更加安全、健康的成长环境。

法官说法

　　这个故事是一起涉及通过限制人身自由手段强迫未成年人进行劳动的典型案件。三名被害人在案发时均未满18岁，其中最大的16岁，最小的仅13岁。未成年人由于心理和生理发展尚未成熟，往往缺乏有效的自我保护能力，因此更容易成为犯罪分子的目标。被告人专门招募未成年人进行强迫劳动，进一步凸显了其行为的压迫性和违法性。

　　在当前侵犯未成年人权益案件频发的背景下，国家对此类犯罪的打击力度不断加大，保护未成年人权益已成为社会各界关注的焦点。根据最高人民法院发布的《刑法修正案（八）》的相关条款及配套司法解释，强迫劳动罪的"情节严重"

故事说法：
未成年人保护

包括强迫未成年人参与劳动的情形，且不论涉及人数的多少。本案的具体情况显然符合"情节严重"的标准，因此对主犯应依法处以三年以上的有期徒刑，以体现法律的威严及对未成年人保护的决心。

1. 在本案中，张先生、赵女士和林浩因何罪被判处刑罚？（　　）
   A. 盗窃罪
   B. 强迫劳动罪
   C. 故意伤害罪
   D. 诈骗罪
（正确答案：B）

2. 根据法律，强迫劳动罪被认定为"情节严重"的依据是什么？（　　）
   A. 劳动时间过长

B. 被迫劳动者的年龄

C. 使用暴力或威胁手段

D. 劳动性质不合规

(正确答案：B)

3. 在此案件中，林浩的角色是什么？（ ）

A. 主犯

B. 被害人

C. 从犯

D. 无关人员

(正确答案：C)

故事说法：
未成年人保护

28. 未成年人被家长"订婚"后分手，彩礼需要返还吗？

17岁的小谢是一个温婉可人的女孩，她与同样17岁的男孩小朱在一次偶然的机会中相遇，两颗年轻的心迅速靠近，萌生了纯真的爱情。尽管他们都还是未成年人，但那份纯真的情感让他们决定携手共度未来，甚至提前对婚姻有了规划。

在双方家庭的见证下,一场温馨而又略带稚嫩的订婚宴悄然举行。在宴会上,小朱满怀诚意地将30万元现金作为彩礼,亲手交给了小谢的父亲。不久后,小谢鼓起勇气,跟随小朱前往外地,开始了他们的同居生活。他们共同规划着未来,拍摄了甜蜜的婚纱照,小朱还精心挑选了结婚用的金首饰。

然而,爱情总是充满变数。随着时间的推移,两人开始出现摩擦与分歧,曾经的海誓山盟在现实的考验下变得非常脆弱。经过深思熟虑,他们决定和平分手,结束这段感情。

故事说法：未成年人保护

分手后，关于彩礼的返还问题成了双方家庭争议的焦点。小朱认为，既然婚姻未成，彩礼理应归还；而小谢及其父亲则认为，小朱和小谢已共同生活，并拍摄了婚纱照，彩礼不应全额退还。多次协商无果后，小朱决定将此事诉诸法律，请求法院判令小谢及其父亲返还彩礼及其他款项共计44万余元。

法院受理此案后，充分考虑了小朱与小谢共同生活的时间、双方过错情况及当地的风俗习惯。法官认为，虽然双方未正式结婚，但小朱给付彩礼是出于缔结婚姻的真诚意愿，且双方已共同生活，并进行了相应的婚姻准备。因此，在判决时，法院采取了折中的方式，酌定小谢、谢父向小朱返还22万元。同时依法出具家庭教育令，对两个未成年人的父母依法予以训诫。双方父母法律意识淡薄，为未成年人子女订立婚约，并收取彩礼，侵害了未成年人的身心健康，既是对未成年子女健康成长不负责任的行为，也有违公序良俗和一般社会道德价值取向。

法官说法

在这则故事中，两个当事人订婚时均系限制民事行为能力人，未达到法定结婚年龄。双方父母为其子女订立婚约的行为违反了《未成年人保护法》第十七条第九项规定，未成年人的父母或者其他监护人不得允许、迫使未成年人结婚或者为未成年人订立婚约。在这个故事里，法院通过出具家庭教育令的方式，教育引导监护人转变观念，为未成年人成长营造良好家庭氛围，帮助孩子树立正确的人生观、价值观。

故事说法：未成年人保护

头脑小风暴

1.《民法典》第一千零四十七条规定，结婚年龄，男不得早于_____周岁，女不得早于_____周岁。

（正确答案：二十二；二十）

2. 关于本案中小谢和小朱的订婚行为，下列说法中正确的是哪一项？（ ）

A. 订婚具有法律效力，双方必须履行婚约

B. 订婚是民间习俗，不受法律约束，但应尊重公序良俗

C. 订婚是双方父母的意思表示，与未成年人无关

D. 订婚即视为双方已建立婚姻关系

（正确答案：B）

3. 法院在判决彩礼返还时，采取了折中的方式，主要基于以下哪些考虑？（多选）（ ）

A. 双方未正式结婚

B. 双方已共同生活，并进行了婚姻准备

C. 彩礼的数额巨大

D. 当地的风俗习惯

（正确答案：A、B、D）

29. "黑校车"非法接送未成年学生，谁该为此负责？

在小镇上，有一家名为"阳光乐园"的幼儿看护点，它承载着无数家庭的希望与信任。看护点的负责人老李为了节约成本，铤而走险，走上了违法之路。

老李深知，按照道路交通安全法规，校车的运营有着严格的标准和限制，尤其是不能超员载客，更不能使用非营运性质的车辆。然而，面对日益增长的学生数量和有限的合法校车资源，他选择了视而不见，并决定用一辆中型客车来"应急"。这辆中型客车本是用于日常货物运输的，并无校车运营资质，但老李为了图方便，私自将其改装成了"校车"，并雇佣小吴负责驾驶这辆"校车"接送孩子。

小吴接到这份工作时并未多想，只是想着能多赚些钱补贴家用。他驾驶着那辆不符合准驾车型的中型客车，在老李的默许下，日复一日地穿梭在小镇的街道上，而且每次都严重超载。

终于，他们的违法行为被公安机关发现了。那是一个阳光明媚的早晨，小吴像往常一样，满载着学生去学校。然而，当车辆驶入一个检查站时，交警对车辆进行了拦截。经过现场核实，这辆核定载客人数仅为11人的中型客车，竟然硬生生地挤进了38人，其中有36人是天真无邪的幼儿。

> 故事说法:
> 未成年人保护

这起严重的超载事件引起了社会的广泛关注,老李和小吴的行为受到了强烈谴责。经过法律的公正审判,他们最终被判处拘役和罚金,为自己的违法行为付出了沉重的代价。

法官说法

校车安全一直是社会关注的热点问题，不仅关系到未成年人的生命安全，还关系到千万个家庭的幸福。《刑法》第一百三十三条之一规定，在道路上驾驶机动车，从事校车业务或者旅客运输，严重超过额定乘员载客，或者严重超过规定时速行驶的，构成危险驾驶罪，处拘役，并处罚金。在这个故事中，老李作为幼儿看护点负责人，为牟取利益，雇佣不具有校车驾驶资格的驾驶人小吴驾驶中型客车接送幼儿，且该车载客人数严重超过额定载客人数，不顾多名幼儿的人身安全和社会公众的公共安全，社会危害性较大，二人均构成危险驾驶罪，依法应从严惩处。

故事说法：未成年人保护

 头脑小风暴

1. 下列行为中哪项不构成校车安全违法行为？（ ）

A. 使用未取得校车标牌的车辆提供校车服务

B. 校车驾驶人驾驶校车在道路上行驶前，未对校车车况是否符合安全技术要求进行检查

C. 校车按照规定的线路、速度行驶

D. 校车载有学生时给车辆加油

（正确答案：C）

2. 老李和小吴的行为构成何罪？（ ）

A. 非法经营罪

B. 危险驾驶罪

C. 交通肇事罪

D. 危害公共安全罪

（正确答案：B）

3. 关于校车安全，以下说法中错误的是哪一项？（ ）

A. 校车必须定期进行安全技术检验

B. 校车驾驶人必须具有相应准驾车型的驾驶证

C. 校车在行驶过程中，除依法执行职务的交警之外，其他人员不得拦截检查

D. 校车可以在任何道路上随意停车接送学生

（正确答案：D）

30. 在被继承人债务清偿案件中,如何优先保护未成年人利益?

在一个温馨的家庭,冯美与郑远携手走过了许多年,二人共同养育着可爱的儿子小郑。然而,命运似乎对这个家庭开了一个玩笑。

郑远曾向银行申请了一笔小额贷款,希望用这笔钱通过自己的努力改善生活条件。但世事难料,贷款尚未到期,郑远便不幸因病离世,留下了一连串的财务问题。这时,银行的一纸诉状打破了母子二人宁静的生活。银行要求作为继承人的冯美和小郑,在继承的财产范围内承担郑远生前未偿还的贷款本息。面对这突如其来的诉讼,冯美十分

> 故事说法：
> 未成年人保护

无助。但她深知自己作为母亲责任重大，不仅要承受失去丈夫的悲痛，还要为不满3岁的儿子撑起一片天。于是，她选择通过法律途径解决问题。

法院在审理此案时，充分考虑到这个特殊家庭的实际情况。法官注意到，小郑作为法定无民事行为能力人，未来的生活和教育都需要稳定的资金支持。而冯美是一个无固定职业、仅靠打零工维持生计的单亲妈妈，其经济压力也可想而知。

最终，法院做出了一个充满人文关怀的判决：在清偿郑远的债务时，为小郑保留足够的遗产份额，以确保他能够享有基本的生活和教育费用。这一判决，不仅体现了法律的公正与严明，还彰显了社会对弱势群体的关爱与保护。

冯美在得知判决结果后,泪水与感激交织。她深知,这份判决不仅是对她和小郑生活的保障,更是对他们未来的守护。她相信在社会的关爱与帮助下,自己能够带着儿子勇敢地走出困境,迎接更加美好的明天。

法官说法

根据《民法典》第一千一百五十九条规定,分割遗产,应当清偿被继承人依法应当缴纳的税款和债务;但是,应当为缺乏劳动能力又没有生活来源的继承人保留必要的遗产。

继承人小郑在其父亲死亡时不满3岁,属于法定无民事行为能力人。继承人冯美既无固定职业,也无稳定收入,靠打零工抚养年幼的小郑

> 故事说法：
> 未成年人保护

和维持家庭基本生活开支，在清偿被继承人郑远的债务时，应为小郑保留适当遗产，用以保障其基本生活费用。

1. 下列关于继承与债务清偿的说法中正确的是哪一项？（　　）

A. 继承人必须无条件承担被继承人的所有债务

B. 遗产不足以清偿债务时，继承人无需承担任何责任

C. 对于既缺乏劳动能力又没有生活来源的继承人，应为其保留必要的遗产

D. 法院在判决时无需考虑继承人的实际生活状况

（正确答案：C）

2. 在本案例中，小郑作为法定无民事行为能力人，其继承权如何保障？（　　）

A. 小郑的继承权因其无民事行为能力而被剥夺

B. 小郑的继承权由其母亲冯美代为行使，但需为其保留必要的遗产

C. 小郑的继承权被完全忽视，所有遗产均用于清偿债务

D. 小郑的继承权无须特别保障，与其他继承人平等分配遗产

（正确答案：B）

3. 下列哪项因素在法院审理此案时最有可能被视为重要考量？

（　　）

A. 银行贷款的具体用途

B. 冯美与小郑之间的亲属关系远近

C. 小郑作为未成年人的未来生活和教育需求

D. 郑远生前的工作收入和社会地位

（正确答案：C）